R. Neugebauer, J. Orend

Handbuch der orientalischen Teppichkunde

R. Neugebauer, J. Orendi

Handbuch der orientalischen Teppichkunde

ISBN/EAN: 9783957706911

Auflage: 1

Erscheinungsjahr: 2021

Erscheinungsort: Dresden, Deutschland

HANDBUCH
DER
ORIENTALISCHEN TEPPICHKUNDE

VON

RUDOLF NEUGEBAUER
UND JULIUS ORENDI

MIT EINER EINFÜHRUNG VON RICHARD GRAUL

MIT 152 TEILWEISE GANZSEITIGEN TEXT-
ABBILDUNGEN :: 1 TITELBILD :: 16 MEHR-
FARBIGEN TAFELN :: 12 MOTIVBLÄTTERN
1 KARTE

LEIPZIG
VERLAG VON KARL W. HIERSEMANN
1909

D. Anderson, Rom, phot.

Überreichung des Ringes des hl. Markus durch den Fischer an den Dogen.

Gemälde von Paris Bordone in der Akademie in Venedig, auf welchem ein „alter Uschak" eingezeichnet ist. (Text s. Seite 54.)

INHALTSVERZEICHNIS

Seite

I. ABSCHNITT:

Über alte orientalische Teppiche vor 1800 1

II. ABSCHNITT:

Über orientalische Teppiche des 19. Jahrhunderts und der Gegenwart 65

1. Einleitung 65
2. Die Herstellung orientalischer Teppiche 72
   - A) Webart und Knüpfung 72
   - B) Material 77
   - C) Format 78
   - D) Färbung 79
   - E) Zeichnung 83
3. Über Einkauf und Behandlung neuer orientalischer Teppiche . 91
4. Gruppierung orientalischer Teppiche nach dem Ursprungsland 101
   - A) Türkisch-anatolische Teppiche 102
     - a) Türkisch-anatolische Teppiche, fabrikmäßig erzeugt 102
     - b) Türkisch-anatolische Hausindustrie-Teppiche . . 109
   - B) Kaukasische Teppiche 136
   - C) Perser-Teppiche 171
     - a) Azerbeidschan 172
     - b) Ferahan 173
     - c) Kurdistan 174
     - d) Khorassan 175
     - e) Kirman 176
     - f) Kaschkai 176
   - D) Zentralasiatische Teppiche 204

VERZEICHNIS DER FARBIGEN TAFELN

Tafel	I.	Kleinasiatische Nachahmung eines persischen Teppichs des 16. Jahrhunderts	vor Seite 49
"	II.	Ein alter Ghiordes Gebetteppich (Smyrna)	" " 57
"	III.	Ladik Gebetteppich	" " 105
"	IV.	Ladik Teppich	" " 113
"	V.	Kula Gebetteppich	" " 121
"	VI.	Anatolischer Teppich	" " 129
"	VII.	Schirwan Teppich	" " 137
"	VIII.	Schirwan Teppich	" " 145
"	IX.	Schirwan Teppich	" " 153
"	X.	Hamadan Teppich	" " 177
"	XI.	Muschkabad Teppich	" " 185
"	XII.	Dschuschagan Teppich	" " 193
"	XIII.	Kurdistan Teppich	" " 201
"	XIV.	Teke-Turkmenen Teppich	" " 209
"	XV.	Belutschistan Teppich	" " 217
"	XVI.	Samarkand Teppich	" " 225

VERZEICHNIS DER MOTIVBLÄTTER

Motivblatt	I.	Motive für türkisch-anatolische Teppiche	auf Seite 227
"	II—VI.	" " kaukasische Teppiche	" " 228—232
"	VII.	" " persische Teppiche	" " 233
"	VIII—IX.	" " zentralasiatische Teppiche	" " 234—235
"	X—XII.	" aus altpersischen Teppichen	" " 236—238

KARTEN

Karte der hauptsächlichsten Gebiete für orientalische Teppiche . . nach Seite 246

VERZEICHNIS DER TEXTABBILDUNGEN

Abb. auf Seite

1. Eine Nachahmung des alten Winterteppichs Chosroës I. Im Besitze von J. Orendi in Wien 5
2. Altertümlicher Teppich des XIII. Jahrh. im Kunstgewerbe-Museum zu Berlin 8
3. Wollenteppich des XV. Jahrh. mit dem Mingwappen im Kunstgewerbe-Museum zu Berlin 9
4. Altertümlicher Tierteppich aus der Sammlung Bardini in Florenz . . . 11
5. Ein Teppich aus dem Anfang des XVII. Jahrh. 12
6. Kleinasiatischer Wollenteppich mit geometrischem Muster im Besitze von Dr. Bode, Berlin 14
7. Kleinasiatischer Wollenteppich mit geometrischem Muster im Besitze von Dr. Bode, Berlin 15
8. Kaukasischer Teppich auf dem im Besitze des allerhöchsten Kaiserhauses in Wien befindlichen Gemälde „Maria mit dem Kinde" von Hans Memling 17
9. Kleinasiatischer Gebrauchsteppich aus dem XVI. oder XVII. Jahrh. . . 18
10. Kleinasiatischer Teppich des XVII. Jahrh. 19
11. Kleinasiatischer Teppich, um 1600 entstanden 21
12. Kleinasiatischer Teppich, um 1600 entstanden 22
13. Ein Vasenteppich, XVII. Jahrh. Wien, Österreichisches Museum für Kunst und Industrie 23
14. Ein Seidenteppich aus der Mitte des XVII. Jahrh. Im Besitze von J. Orendi in Wien 25
15. Ein Ispahan-Teppich 27
16. Ein Tierteppich 28
17. Darstellung von Teppichen auf einer persischen Miniatur des XVII. Jahrh. in der Sammlung Dr. Walter Schulz in Berlin 30
18. Darstellung von Teppichen auf einer indopersischen Miniatur des XVII. Jahrh. in der Sammlung Dr. Walter Schulz in Berlin 31
19. Segment einer orientalischen Metallarbeit des XVIII. Jahrh. 32
20. Orientalische tauschierte Kupferschale, XVI. Jahrh. 33
21. Fayencen aus dem alten Serail in Konstantinopel. XVII. Jahrh. . . . 34
22. Persischer Gebetteppich (XV. Jahrh.) aus dem Kaiser Friedrich-Museum in Berlin 35
23. Altpersischer Knüpfteppich. XVI. Jahrh. Im Besitze Seiner Majestät des Königs von Sachsen 37
24. Fragment eines persischen Teppichs, etwa aus der Mitte des XVII. Jahrh. 39

Abb. auf Seite
25. Wollen-Teppich aus Ispahan. XVI. Jahrh. Städt. Kunstgewerbe-Museum in Leipzig . . . 40
26. Altpersischer Teppich . . . 41
27. Nachahmung eines alten persischen Teppichs. XVIII. Jahrh. . . . 42
28. Nachahmung eines persischen Teppichs kaukasischer Herkunft. XVIII. Jahrh. 43
29. Ein anatolischer Teppich aus dem Anfang des XVIII. Jahrh. Im Besitze von Nabel in Berlin . . . 45
30. Ein sogenannter Friedhofteppich anatolischer Herkunft. XVIII. Jahrh. . 47
31. Ein alter Ghiordes-Gebetteppich einfacherer Art . . . 49
32. Ein alter Uschak-Teppich . . . 51
33. Ein alter Kirman-Teppich . . . 53
34. Ein alter persischer Gebetteppich . . . 55
35. Ein alter kaukasischer Teppich aus der Sammlung von Girgl in Budapest 56
36. Ein alter kaukasischer Teppich aus der Mitte des XVIII. Jahrh. . . . 57
37. Kaukasischer Teppich aus dem Ausgange des XVIII. Jahrh. . . . 58
38. Kaukasischer Teppich aus dem Ausgange des XVIII. Jahrh. . . . 59
39. Ein sogenannter Siebenbürgerteppich mit persischen Motiven . . . 61
40. Ein sogenannter Siebenbürgerteppich späterer Zeit . . . 62
41. Ein Kis-Ghiordes-Teppich aus der Zeit von 1800—1870 . . . 63
42. Beim Teppichknüpfen . . . 73
43. Kettenfäden . . . 74
44. a) Ghiordesknüpfung von vorn, b) Ghiordesknüpfung im Durchschnitt, c) Senneknüpfung von vorn, d) Senneknüpfung im Durchschnitt . . . 75
45. Eine Knüpfungsart, bei der jede Knüpfung an je vier Kettenfäden befestigt ist . . . 77
46. Der Fußbodenbelag in einem persischen Hause . . . 79
47. Kaukasischer Teppich mit dem hackenbesetzten Stufenpolygon . . . 85
48. Ein alter Senneteppich . . . 87
49. Moderner Smyrna-Teppich — auch Uschak- oder Medaillonteppich genannt 103
50. Moderner Smyrna-Teppich — auch Yaprak-Teppich genannt . . . 104
51. Moderner Smyrna-Teppich — auch Ghiordes-Teppich genannt . . . 105
52. Moderner Smyrna-Teppich — auch Demirdschi-Teppich genannt . . . 106
53. Moderner Smyrna-Teppich . . . 107
54. Moderner Smyrna-Teppich — auch Hereke-Teppich genannt . . . 108
55. Nigde Gebet-Teppich . . . 114
56. Tuzla Gebet-Teppich . . . 115
57. Mudjur-Gebet-Teppich . . . 116
58. Kir-schihir-Gebet-Teppich . . . 117
59. Ladik-Gebet-Teppich . . . 118
60. Anatolischer Ladik-Teppich . . . 119
61. Kula-Gebet-Teppich . . . 120
62. Kis-(Mädchen-)Ghiordes-Teppich . . . 121
63. Ghiordes-Gebet-Teppich . . . 122
64. Kilim-Gebet-Teppich . . . 123
65. Anatolischer Saph- oder Familien-Gebet-Teppich . . . 124

Abb. auf Seite

66. Darstellung des „Lebensbaum" an einem Brunnen in Konstantinopel, ähnlich wie auf Gebet-Teppichen . . . 125
67. Jakschibeydir-Gebet-Teppich . . . 126
68. Anatolischer Teppich . . . 127
69. Pergamo-Teppich . . . 128
70. Melas-Gebet-Teppich . . . 129
71. Melas-Teppich . . . 130
72. Anatolischer Megri-Teppich . . . 131
73. Anatolischer Teppich . . . 132
74. Anatolischer Teppich . . . 133
75. Anatolischer Yürük-Teppich . . . 134
76. Anatolischer Yürük-Teppich . . . 135
77. Schirwan-Teppich . . . 138
78. Schirwan-Teppich . . . 139
79. Schirwan-Teppich . . . 140
80. Schirwan-Teppich . . . 141
81. Schirwan-Teppich . . . 142
82. Schirwan-Teppich . . . 143
83. Schirwan-Teppich . . . 144
84. Schirwan-Teppich . . . 145
85. Schirwan-Teppich . . . 146
86. Schirwan-Teppich . . . 147
87. Schirwan-Teppich . . . 148
88. Schirwan-Teppich . . . 149
89. Schirwan-Teppich . . . 150
90. Daghestan-Teppich . . . 151
91. Daghestan-Teppich . . . 152
92. Daghestan-Teppich . . . 153
93. Daghestan-Teppich . . . 155
94. Kasak-Teppich . . . 156
95. Kasak-Teppich . . . 157
96. Kasak-Teppich . . . 158
97. Kasak-Teppich . . . 159
98. Kasak-Teppich . . . 160
99. Kasak-Teppich . . . 161
100. Kasak-Teppich . . . 162
101. Kasak-Teppich . . . 163
102. Kasak-Teppich . . . 164
103. Kasak-Teppich . . . 165
104. Derbent-Teppich . . . 166
105. Sumak-Teppich . . . 167
106. Silé-Teppich . . . 168
107. Verné-Teppich . . . 169
108. Karadagh-Teppich . . . 170
109. Karadagh-Teppich . . . 177

Abb.		auf Seite
110.	Karadagh-Teppich	178
111.	Karadagh-Teppich	179
112.	Karadagh-Teppich	180
113.	Hamadan-Teppich	181
114.	Täbris-Teppich	183
115.	Yoraghan-Teppich	184
116.	Ferahan-Teppich	185
117.	Muschkabad-Teppich	187
118.	Saruk-Teppich	188
119.	Serabend-Teppich	189
120.	Serabend-Teppich	190
121.	Senné-Teppich	191
122.	Senné-Teppich	192
123.	Senné-Teppich	193
124.	Senné-Teppich	194
125.	Senné-Teppich	195
126.	Khorassan-Teppich	196
127.	Khorassan-Teppich	197
128.	Kirman-Teppich	198
129.	Kirman-Teppich	199
130.	Kirman-Teppich	200
131.	Schiraz-Teppich	201
132.	Schiraz-Teppich	202
133.	Schiraz-Teppich	203
134.	Bocchara-Teppich	208
135.	Bocchara-Streifen	209
136.	Bocchara-Streifen	210
137.	Yomud-Teppich	211
138.	Yomud-Teppich	212
139.	Yomud-Teppich	213
140.	Teke-Turkmenen-Teppich	214
141.	Khiwa-Teppich	215
142.	Khiwa-Teppich	216
143.	Khiwa-Teppich	217
144.	Beschir-Teppich	218
145.	Beschir-Teppich	219
146.	Beschir-Teppich	220
147.	Afghan-Teppich	221
148.	Afghan-Teppich	222
149.	Belutschistan-Teppich	223
150.	Belutschistan-Teppich	224
151.	Belutschistan-Teppich	225
152.	Samarkand-Teppich	226

ZUR EINFÜHRUNG

Der Verfasser des vorliegenden Werkes, Ingenieur Rudolf Neugebauer, ist über der Arbeit gestorben, nur Abschnitt I und die beiden ersten Kapitel von Abschnitt II rühren von ihm her, für die übrigen Teile des Buches hat er Aufzeichnungen und manches Material zur Illustration hinterlassen. Er war ein kenntnisreicher Sammler und Liebhaber orientalischer Teppiche, und er wollte sein Buch besonders den Sammlern und Liebhabern widmen. Er hatte sich eine gute Kenntnis namentlich der Teppiche von 1800—1870 und neuester Zeit angeeignet, und seine ursprüngliche Absicht ging dahin, nur diese am meisten verbreitete und doch so wenig erforschte Produktion sorgfältig zu behandeln. Auf den Wunsch des Verlegers hat Neugebauer aber auch die älteren Teppiche, die gegenwärtig so selten und kostbar geworden sind, in den Rahmen seiner Darstellung gespannt und damit seinem Buche erst den rechten Ausgangspunkt für das Verständnis der späteren Waren gegeben. Fand der Verfasser für diesen historischen Teil seines Buches mannigfache Vorarbeiten, so war er für die Bearbeitung der neueren und neuesten Erzeugnisse seit 1870, die auch mit einbezogen worden sind, fast ganz auf sich und seinen Freund Julius Orendi in Wien angewiesen, mit dem er im Orient gereist ist und der bei den Ankäufen für das Teppichhaus Orendi sich nicht nur von geschäftlichen Rücksichten leiten ließ, sondern auch versuchte, die charakteristischen Typen der neueren Teppicherzeugung zu sammeln. So konnten Neugebauer und Orendi wertvolle Nachrichten über die Herkunft bestimmter Teppicharten beibringen und über eine Menge Fragen der Technik und der Musterung eine Auskunft geben, die in anderen Büchern über den Gegenstand vergeblich gesucht wird. Die vertraute Kenntnis des Teppichhandels brachte eine weitere

Aufklärung, die dem Kenner und Sammler ebenso nützlich sein wird wie dem großen Publikum, das in der Regel orientalischen Teppichen jeder Art ganz ratlos gegenübersteht. Nach dem Ableben Neugebauers ist der historische Teil des Werkes einer Revision unterzogen worden, während Julius Orendi und dessen Mitarbeiter Josef Kuderna selbständig die letzten Kapitel zum Teil mit Heranziehung neuen Materiales behandelt haben. So ist aus einem Torso ein Handbuch geworden, das den Stoff im allgemeinen vollständiger erörtert, als irgend ein anderes Werk über denselben Gegenstand. Das Buch behandelt aber die orientalischen Teppiche im engeren Sinne; ausgeschlossen wurden die Teppiche aus Marokko, Algier, Tunis, die der Balkanstaaten, Indiens und Ostasiens.

Die Illustrationen sind, wo nichts anderes angegeben ist, nach Originalen aus dem Bestande des Teppichauses Orendi in Wien und aus dem Besitz von R. Giergl in Budapest hergestellt worden.

Leipzig, Ende Juni 1909.

Richard Graul.

I. ABSCHNITT

ÜBER ALTE ORIENTALISCHE TEPPICHE VOR 1800

Im Handel wird im allgemeinen jeder Teppich, welcher nicht offenkundig ganz neu ist, der also mehr oder minder deutliche Spuren von Abnützung an sich trägt, „alt" genannt.

Unter Sammlern dagegen hat es sich eingebürgert, diese Bezeichnung nur für Teppiche zu gebrauchen, welche vor 1800 entstanden sind. Andere rücken diese Zeitgrenze noch um fünfzig Jahre zurück. Maßgebend ist, ob sich in Herstellung und Zeichnung ein Zusammenhang mit den Erzeugnissen der Zeit hoher Blüte orientalischen kunstgewerblichen Schaffens im XVI. und XVII. Jahrhundert noch unzweifelhaft erkennen läßt, oder nicht.

Wir besitzen aus der Periode des Aufschwunges der Teppichweberei zwar nur kärgliches Material, ziemlich reichliches dagegen aus der Zeit der Blüte — reichlich muß man es nennen, wenn man seine außerordentliche Vergänglichkeit in Rechnung zieht. — Ebenso sind wir in der Lage, das Verflachen, Verfallen, Ersterben der großen Tradition an vielen Exemplaren der einst ungemein reichen, blühenden Industrie eines Landes zu beobachten.

Es sind dies die Luxusteppiche Persiens und die von persischen Arbeitern oder doch mindestens nach persischen Originalen im Westen hergestellten Epigonen.

Die Schönheit der Zeichnung, die Pracht der Farben, die Kostbarkeit des Materials erregt Bewunderung bei dem Beschauer; es bieten aber auch die zur Verwendung gelangenden Motive wesentlich mehr Handhaben zur wissenschaftlichen Behandlung dar, als die einfachen Zeichnungen der bescheidenen Gebrauchsteppiche — so kommt es, daß die vergleichsweise umfangreiche Literatur über alte Teppiche sich zum größten Teile mit den kostbaren Luxusteppichen Persiens befaßt und der einfachereren Typen nur dann Erwähnung tut, wenn sie kunsthistorisches Interesse besitzen. —

In den Werken über alte Teppiche werden fast ausnahmslos große Gruppen von Teppichen gänzlich unbeachtet gelassen, obwohl man ihnen hohes, ehrwürdiges Alter nicht absprechen — ja teilweise ihre Existenz im XV. Jahrhundert nachweisen kann.

Es sind dies die Teppiche der im Kaukasus, in Persien und Mittelasien nomadisierenden Berg- und Hirtenvölker.

Der hauptsächlichste Grund hierfür mag darin liegen, daß bei der erstaunlichen Zähigkeit, mit welcher diese Völker ihre traditionellen Muster immer wiederholten, ein Unterschied, eine Grenze zwischen „alter und neuer Ware" nicht gezogen werden kann. — Für die südöstlichen und mittelasiatischen Teppiche mag hinzu kommen, daß die riesigen Entfernungen, die durch Räuber unsicher gemachten Wege durch wasserarme Steppen und Wüsten es verhindert haben, diese Teppiche nach dem Westen zu bringen. Wir besitzen daher keine Zeugnisse darüber, wie Teppiche Mittelasiens vor zweihundert Jahren ausgesehen haben, man weiß jedoch, daß z. B. Bocchara in der vorislamitischen Zeit wegen seiner Teppiche berühmt war.

Auch im vorliegenden Handbuche werden Teppiche, welche zwar voraussichtlich dem XVIII. Jahrhunderte angehören, unter den Teppichen der ersten sieben Dezennien des XIX. Jahrhunderts besprochen, wenn die Verwandtschaft mit neueren Teppichen klarer ist, als jene mit alten Stücken.

Die Anfänge der orientalischen Teppich-Industrie gehen sicher bis in vorgeschichtliche Zeiten zurück. — Allerdings hat diese Behauptung nur dann Berechtigung, wenn man die g e w i r k t e n Teppiche — die sogenannten Kilims im Auge hat.

Gewirkte Stoffe hat es unbedingt in sehr frühen Entwicklungsstadien der Menschheit gegeben. Ob die Wirkerei, wie sie auch heute noch in den Karmani- und Sumak-Teppichen im Oriente zur Ausführung gelangt, aus Ägypten nach Asien kam, oder ob der Anblick des Flechtwerkes an einem hölzernen Zaune da wie dort (ohne auswärtige Beeinflussung) zur Erfindung der Weberei geführt hat, sei dahingestellt.

Ohne jede Künstelei kann man behaupten, daß gewirkte Stoffe nicht nur zu Bekleidungszwecken, sondern wie heute noch im Orient, sicher auch in ältester Zeit, zu Bodenbelägen, Wandbehängen, Verpackungszwecken usw. benutzt worden sind. Eine in verschiedenen Farben ausgeführte Wirkerei als Wandbehang oder als Bodenbelag verwendet, ist jedoch nichts anderes als ein heutiger Karamani- oder Sumak-Teppich, ein Kilim.

Daß man in der Herstellung solcher Kilims zu einer ganz außerordentlichen Fertigkeit gelangt ist, daß man sogar gerundete Ornamente, menschliche und tierische Gestalten in dieser Technik herzustellen vermochte, beweisen die berühmten Stofffunde aus dem IV. bis VII. Jahrhundert n. Chr. der Gräberfelder zu Sakkarah und Akhmim, deren reiche Musterung zumeist in Wirkereitechnik, bedeutend seltener in Stickerei, ausgeführt sind.

Für geknüpfte Teppiche, an welche man unter der Bezeichnung „orientalische Teppiche" in erster Linie denkt, liegen leider weder ähnlich alte Funde, noch auch unzweideutige Literaturnachweise vor. Man kann nur vermuten, daß der Gedanke, Fäden in das Grundgewebe einzubinden, etwa um den Bodenbelag stärker, wärmer zu machen, nicht allzulange auf sich warten ließ — daß also Knüpfteppiche schon in sehr frühen Zeiten im Oriente üblich waren.

Die ersten Nachrichten über Teppiche, welche wir uns, nach der beschriebenen reichen Musterung etwa als Knüpfteppiche vorstellen könnten, stammen aus arabischen Geschichtsbüchern des Mittelalters. Würden diese Schilderungen der Wahrheit entsprechen, dann hätte die Teppichweberei und -knüpferei im VII. Jahrhundert n. Chr. bereits auf einer Höhe gestanden, welche nur auf einer langen Reihe von Entwickelungsstufen erreicht werden kann.

Karabacek schreibt hierüber in seiner Monographie „Die Persische Nadelmalerei Susandschird": „Als im Jahre 16 d. H. = 637 n. Chr. Ksesiphon (Madâin), die Residenz der Sâsâniden, in die Hände der Araber fiel, erbeuteten sie in dem weltberühmten „weißen Palaste", dessen Ruinen bis auf den heutigen

Tag stehen geblieben sind, unter den unermeßlichen königlichen Schätzen auch einen kolossalen Teppich von 60 Ellen im Gevierte. Ursprünglich für Chosrau I. Anoscharwân. (531—579) angefertigt, benutzten ihn auch dessen Nachfolger bis auf den letzten Jazdegerd, doch nur während der stürmischen, rauhen Winterzeit, wenn der Aufenthalt in den Gärten unleidlich geworden: dann wurden die dort abgehaltenen Zechgelage auf ihn übertragen, denn seine Musterung stellte einen Garten im Frühlingsschmucke dar. Es war dies der sogenannte Winterteppich, bisâth esch-schithâ, oder pers. behâr-i-kisra, d. i. „der Frühling des Chosrau". „Merkwürdig und kostbar war sein Material: Seide, Gold, Silber, Halb- und Ganzedelsteine. Der Fond des Teppichs stellte den eigentlichen, von Bächen durchrieselten und Pfaden durchkreuzten, mit Bäumen und lieblichen Frühlingsblumen geschmückten Lustgarten vor. Die umfassende breite Bordüre bot herrlich bepflanzte Blumenparterres in buntfarbigem, durch blaue, rote, gelbe, weiße und grüne Steine dargestellten Blütenschmuck*). Im Fond des Teppichs war die gelbliche Färbung des Erdbodens durch das Gold nachgeahmt: Streifen vertraten darin die Ränder der Bäche, dazwischen kristallhelle Steine, die Gewässer täuschend wiedergaben. Die Kiespfade waren durch perlengroße Steinchen angedeutet, Stengel und Äste bestanden aus Gold und Silber, die Baum- und Blütenblätter, wie das sonstige Pflanzenwerk aus Seide, die Früchte aus buntem Gestein."

Wird es uns auch schwer, diese Beschreibung ganz als bare Münze anzunehmen und drängt sich die Vermutung auf, daß die bekanntlich sehr lebhafte Phantasie der Orientalen hier den Erzähler zu besonders starkem Farbenauftrag verleitet habe, so wäre es doch zu weit gegangen, die ganze Erzählung in das Reich der Fabel zu verweisen. — Für die Wahrheit spricht es jedenfalls, daß ein wohl tausend Jahre jüngerer Teppich vor einigen Jahren in einem steirischen Weingartenhause aufgefunden wurde (seither in den Besitz Dr. A. Figdor in Wien übergegangen), welcher ganz unzweifelbar ebenso wie der berühmte

*) Beispiele dieses auffälligen Dekors mit Steinen und Perlen sind selten. Martin bildet zwei neuere derartige Arbeiten in seiner „History of oriental carpets before 1800" ab (Fig. 219 u. 376).

Abb. 1. Eine Nachahmung des alten Winterteppichs Chosroës I.
Im Besitze von J. Orendi in Wien.

Chosrau-Teppich die Beete eines Gartens zur Schau trägt, von Kanälen durchflossen, welche sich zu Bassins erweitern. Die Beete enthalten blühende Bäume, die Gewässer Fische und Enten. Der Teppich ist in Wolle geknüpft, trägt aber an vielen Stellen Gold- und Silberfäden nach Art der Polenteppiche eingewirkt.

Die den Charakter der viel späteren Zeit tragenden Abweichungen vermögen nicht den Eindruck zu verwischen, daß man es hier mit einer höchst merkwürdigen Bestätigung jener alten Angaben zu tun hat, ja diese Zugeständnisse an den Zeitgeschmack verhindern es, eine bewußte Nachahmung nach altem Rezepte vermuten zu lassen. Die Tradition scheint im Orient das Andenken an dieses wunderbare Stück so lebhaft erhalten zu haben, daß eine ganze Anzahl ähnlicher Teppiche entstanden ist. So veröffentlicht F. R. Martin in „A History of oriental carpets before 1800" einen Gartenteppich und auch der wenig jüngere Teppich **(Abbildung 1)** dürfte der Vorstellung eines in Blumenbeete geteilten Gartens seine Entstehung verdanken. Höchst unwahrscheinlich, freilich nicht unmöglich ist es, daß der alte Chosroës-Teppich in Gobelin-Manier gearbeitet war, wohl aber könnte man auch an eine kunstvolle Stickerei denken.

Erst an einem literarisch überlieferten Teppich des IX. Jahrhunderts glaubt Karabacek einen stärkeren Wahrscheinlichkeitsbeweis für dessen Ausführung als Knüpfteppich dadurch zu erbringen, daß die Quellen berichten, der Teppich sei, nach einer sehr gründlich durchgeführten, doppelten Mordtat, welche auf ihm verübt worden war, gewaschen und darnach wieder verwendet worden — eine Stickerei oder ein Gobelin hätte das Waschen nicht vertragen.

Wichtig erscheint mir, in einem Berichte des Makrizi aus dem XI. Jahrhundert ausdrücklich hervorgehoben zu finden, daß in einem, mehrere hundert Stück Teppiche enthaltenden Ballen, sich einige befanden, welche der Beschreibung nach gobelinartig hergestellt waren. Der Rest der Teppiche dieses einen Ballens war also anders gearbeitet. Aber noch viele andere Ballen, welche aus den „Kammern der Teppiche und Möbelgerätschaften" der fatimidischen Kalifen stammten und 1067 in Kairo verschleudert wurden, enthielten Teppiche. Man hat es also hier nicht mehr mit einzelnen, wenigen Exemplaren zu tun, sondern mit zwar teuren Produkten einer Industrie, welche immerhin eine ganz bedeutende Leistungsfähigkeit besessen haben muß, denn Karabacek kann eine ganze Reihe berühmter Teppiche im Besitze reicher und mächtiger Persönlichkeiten jener Zeit anführen.

Es wäre nun zwar immerhin noch möglich, daß diese vielen Hunderte von Teppichen, wenn auch nicht gewirkt, so doch auch nicht geknüpft, sondern gestickt oder in einer verloren gegangenen Technik hergestellt worden sind.

Dies ist jedoch höchst unwahrscheinlich, denn wir besitzen aus der ersten Hälfte des XVI. Jahrhunderts ein datiertes Stück, welches an Schönheit und Kunstfertigkeit der Arbeit so hoch steht, daß es heute die Bewunderung und das Staunen des Beschauers erregt. Eine lange Reihe trefflicher Arbeiten muß dem berühmten Ardebil-Teppiche im Victoria u. Albert-Museum in London vorausgegangen sein, ehe eine solche meisterhafte Beherrschung und Ausgestaltung eines Stiles sich betätigen kann.

Nun anzunehmen, daß jene 1067 schon zu hoher Vollkommenheit gediehene Technik ganz in Vergessenheit geraten wäre, dagegen in weniger als fünfhundert Jahren eine andere entstanden wäre, müßte höchst erkünstelt erscheinen — doppelt unwahrscheinlich im Hinblick auf das zähe Festhalten der Orientalen am Althergebrachten.

Dagegen mögen wohl zu verschiedenen Zeiten und an verschiedenen Orten Perioden hoher Blüte mit solchen des Niederganges gewechselt haben — doch, es wird nach dem Gesagten wohl glaubhaft erscheinen, daß die Teppiche des XI. und somit auch jene des IX. und des VII. Jahrhunderts, von welchen bisher die Rede war, Knüpfarbeiten ähnlicher Art waren, wie jene berühmten Teppiche des XVI. Jahrhunderts, von welchen uns einige in vollkommen gutem Zustande und zahlreiche fragmentarische Exemplare erhalten geblieben sind.

Übrigens klafft zwischen jenen archivalisch ganz sichergestellten Exemplaren des XI. und den erhaltenen Originalen des XVI. Jahrhunderts keine ganz unausgefüllte Lücke.

Räumlich sicherlich weit von den berühmten alten Teppicherzeugungsstätten in Arabistan und Fars (zwei Provinzen im Südwesten Persiens) entlegen, entstand ein Teppich, von welchem uns ein vergleichsweise gut erhaltenes Fragment überkommen ist. Es befindet sich im Kaiser Friedrich-Museum zu Berlin, das hinsichtlich der Mannigfaltigkeit der vertretenen Typen eine sehr instruktive Sammlung alter Teppiche besitzt.

Abb. 2. Altertümlicher Teppich des XIII. Jahrh. im Kunstgewerbe-Museum zu Berlin.

Aber es spricht aus diesem letzterwähnten merkwürdigen Teppich (s. **Abbildung 2**) doch auch ein anderer formaler Sinn als aus den persischen Stücken des XVI. und XVII. Jahrhunderts.

Wir sehen eckige, starre Formen, hakenförmige Ansätze

ragen an den Seiten und Ecken hervor, die zahlreichen Zieraten tragen ausgesprochen geometrischen Charakter. Wir wer-

Abb. 3. Wollenteppich des XV. Jahrh. mit dem Mingwappen im Kunstgewerbe-Museum zu Berlin.

den diesen Eigentümlichkeiten später als Kennzeichen für Teppiche uralaltaischer Völkerstämme begegnen.

Bode hält diesen Teppich für das älteste erhaltene Stück im XIII. Jahrhundert oder noch früher, und zwar auf kleinasiatischem Boden entstanden. Die Behauptung anatolischer Herkunft begründet Bode gegenüber der anderseits vermuteten kaukasischen Provenienz hauptsächlich mit den damals bestehenden Handelsverbindungen Venedigs mit der West- und Südküste Kleinasiens. — Stimmt diese Vermutung, so haben wir es hier vielleicht mit einem Teppich jener seldschukisch türkischen Nomaden, oder deren Nachkommen zu tun, welche im zweiten Jahrzehnt des XIII. Jahrhunderts in Kleinasien einfielen.

Ganz von der Hand zu weisen ist die kaukasische Herkunft wohl auch nicht. Die kufische Inschrift: lā ilā illā lā, welche sich in der Borte des Teppichs befindet, würde dieser Annahme nicht widersprechen, denn aus dem XV. Jahrhundert besitzen wir das Beispiel eines zweifellos kaukasischen Turkmenen-Teppichs, dessen Borte zum Ornament umgestaltete kufische Schriftzüge zeigt. Daß trotz erschwerter Handelsverbindungen zwischen den kaukasischen Landschaften und Italien einzelne Stücke den Weg nach Europa fanden und erhalten geblieben sind, ist immerhin möglich.

Spielt doch der Zufall noch bei einem zweiten, sehr alten Fragment des Berliner Kaiser Friedrich-Museums eine merkwürdige Rolle. Von diesem nicht eben schönen, aber höchst interessanten Teppich, welcher die Wappentiere der chinesischen Ming-Dynastie, Drache und Phönix, zur Darstellung bringt, findet sich eine Abbildung auf einem Gemälde in Siena, das von Domenico Veneziano herrührt und um 1440 entstanden sein soll — auf diese Art ist eine annähernd sichere Datierung dieses Teppichs um den Anfang des XV. Jahrhunderts möglich geworden. Die Absicht, das Mingwappen zur Darstellung zu bringen, ist unverkennbar (s. **Abbildung 3**).

Nur ist hier der Stil, in welchem die Erzeuger dieses Teppichs gewöhnlich ihr künstlerisches Empfinden zum Ausdrucke brachten, wenig geeignet, die Bewegungen kämpfender Tiere zu zeichnen.

Ist das Motiv auch chinesisch, entspricht auch die Farbengebung (gelber Grund, blau und rote Figuren) chinesischer Darstellungsart, so schließt doch die rohe, steife Linienführung das eigentliche China als Erzeugungsland aus — ebenso aber auch persische oder sarazenische Herkunft, an welche nicht ein Strich dieser Zeichnung gemahnt.

Dagegen genügt ein Blick auf **Motivblatt VIII** (sämtliche Motivblätter befinden sich am Schluß des Handbuchs auf den Seiten 227—238) **Fig. 12, Motivblatt IX Fig. 1, 3, 7, 13, 18, 22, 23,** um die unverkennbare Ähnlichkeit der Eckbegrenzungen, der Zieraten an den Tieren mit turkmenischen Motiven zu erkennen.

Der Teppich dürfte aus der Zeit stammen, in welcher die kluge und kräftige Regierung der Mingkaiser (1368—1644) nach der Besiegung und Vertreibung der Mongolenfürsten aus China in ganz Asien großes Ansehen genoß.

Abb. 4. Altertümlicher Tierteppich aus der Sammlung Bardini in Florenz.

Abbildung 4 zeigt einen Teppich sehr seltener Art. Es gibt zwar eine ganze Gruppe von Teppichen, welche sogar sehr lange Zeit hindurch hergestellt wurden, die in der Zeichnung ebenfalls der chinesischen Sagenwelt entstammende Tiere enthalten — auch diese Tiere sind bis zur Unkenntlichkeit entstellt — damit ist aber

Abb. 5. Ein Teppich aus dem Anfang des XVII. Jahrhunderts.

die Verwandtschaft mit dem früher betrachteten Teppich erschöpft.

Auch die ältesten Exemplare dieser Gruppe weisen einen vollkommen anderen Charakter der Zeichnung auf. Statt der achteckigen, eigentlich nur viereckigen Felderteilung, sind hier durch verschiedenfarbige breite Bänder längliche Zellen geschaffen, in welchen außer den bereits erwähnten Tierfiguren auch große Blumen in unverkennbar absichtlich stilisierter Art dargestellt, umschlossen erscheinen.

Wir haben es hier mit einer gleichalterigen, ja vielleicht sogar älteren, dafür jedoch räumlich und dem Ursprunge nach weit entfernten und außerdem auf bedeutend höherer Entwicklungsstufe stehenden Gattung zu tun.

Das Vorkommen dieser Teppiche vom Ende des XIII. bis in das XV. Jahrhundert beweist das hohe Alter des Typus, der übrigens auch noch spätere Entwicklungsstufen aufweist, deren eine, etwa aus dem Anfang des XVII. Jahrhundert stammende durch **Abbildung 5** hier vertreten erscheint.

Über die Herkunft dieser Teppiche bestehen sehr verschiedene Ansichten. Sicher ist nur die chinesische Beeinflussung, für die sich auch auf anderen Gebieten persischer Kunst Beispiele nachweisen lassen.

Der Umstand, daß alle diese uns erhalten gebliebenen Teppiche Knüpfarbeiten sind, bekräftigt natürlicherweise die Annahme, daß diese Technik die allgemein übliche gewesen sei und daher auch jene ältesten Luxusteppiche, deren die arabischen Quellen Erwähnung tun, wenigstens größtenteils geknüpft gewesen sind.

Mit dem XV. Jahrhundert treten wir endlich in eine Periode ein, in welcher nicht mehr aus vereinzelten Beispielen Schlüsse gezogen zu werden brauchen, denen wegen des Mangels an Bestätigungen immer ein stark hypothetischer Charakter anhaften bleibt.

Vom XV. Jahrhundert an wird das zu beurteilende Material reicher; wenn auch noch nicht an erhaltenen Originalen, so doch an Abbildungen von Teppichen in Gemälden der Zeit, welche eine annähernd genaue Datierung einer Gruppe von Teppichen gestatten.

Es ist das Verdienst Julius Lessings, zur Altersbestimmung orientalischer Teppiche als erster die Gemälde alter Meister

Abb. 6. Kleinasiatischer Wollenteppich mit geometrischem Muster im Besitze von Dr. Bode, Berlin.

herangezogen zu haben. Haben auch einige unter ihnen nur den malerischen Effekt hervorgehoben, andere im Sinne des herrschenden Stils Änderungen vorgenommen, so haben wieder andere mit größter Treue ihre Vorbilder wiedergegeben, wie man an erhaltenen Originalen erproben kann. Hierdurch ist

Abb. 7. Kleinasiatischer Wollenteppich mit geometrischem Muster im Besitze von Dr. Bode, Berlin.

man heute in der Lage, in den meisten Fällen ganz unzweideutig den Typus zu bestimmen, den der Maler darstellen wollte und umgekehrt gibt das Datum des Gemäldes den spätesten Zeitpunkt für die Herstellung des Teppichs zu erkennen.

Ein großer Glücksfall muß es genannt werden, der manches Versäumnis der Vergangenheit aufwiegt, daß einer der ersten Kunsthistoriker der Gegenwart, gleichzeitig Sammler, Liebhaber und ein Kenner altorientalischer Teppiche ist: Dr. Wilhelm Bode. Seinen beiden Monographien: „Vorderasiatische Knüpfteppiche" und „Altpersische Knüpfteppiche" wird bezüglich der Datierung alter Teppiche in vorliegendem Buche gefolgt.*)

Schwieriger und unsicherer als die Bestimmung des ungefähren Alters der alten Teppiche ist jene der Herkunft, des Entstehungsortes. Die Heimat des Künstlers in Beziehung gebracht mit geschichtlichen Daten über den Handel der Levante zurzeit seines Wirkens kann Anhaltspunkte über die Herkunft des von ihm geschaffenen Teppichs geben. Vergleichende Betrachtungen mit sicheren alten Stücken, ab und zu auch mit neueren Originalen bestätigen die gewonnenen Resultate, lassen sie aber auch oft genug zweifelhaft erscheinen.

Die Teppiche, die im XV. und XVI. Jahrhundert häufig auf europäischen Gemälden vorkommen, tragen ausgesprochen geometrischen Charakter (s. **Abbildungen 6, 7 u. 8**).

Die Zeichnung des Teppichs auf **Abbildung 6** erinnert mit ihren einspringenden, kreuzähnlichen Figuren in der Umrandung der Mittelsterne an ältere kaukasische Sumaks des XIX. Jahrhunderts, andere Motive dagegen scheinen unzweifelhaft anatolischen, alten Teppichen entnommen. **Abbildung 7** zeigt Details, welche die Bekanntschaft der Produzenten mit turkmenischen Ornamentmotiven beweisen, eine Bekanntschaft, welche damals ebensogut auf kleinasiatischen Boden, als im Osten und Südosten des Kaukasus gemacht worden sein konnte. **Abbildung 8** zeigt in dem

---

*) Neuerdings haben namentlich Dr. Fritz Sarre in Berlin und Dr. Martin in Stockholm erfolgreich an der Teppichforschung teilgenommen. Das große 1908 vollendete Werk Martins bringt neues Material, berücksichtigt für die Gruppierung das gesamte Gebiet orientalischer Kunst und entrollt damit eine Menge neuer Fragen und Zweifel über das Alter und die Herkunft gewisser Teppichgruppen.

Teppich zu Füßen der thronenden Maria das bekannteste Motiv des kaukasischen Teppichs, das mit Haken besetzte Stufen-

Abb. 8. Kaukasischer Teppich auf dem im Besitze des allerhöchsten Kaiserhauses in Wien befindlichen Gemälde „Maria mit dem Kinde" von Hans Memling.

vieleck, sodaß der turko-kaukasische Ursprung dieses Teppichs nicht verkannt werden kann.

Abb. 9. Kleinasiatischer Gebrauchsteppich aus dem XVI. oder XVII. Jahrhundert.

Abb. 10. Kleinasiatischer Teppich des XVII. Jahrhunderts.

Von diesen Teppichen existieren heute nur noch sehr wenige Exemplare, obwohl sie einst sehr verbreitet gewesen sind. Dagegen gibt es von einer anderen, wenig jüngeren Gruppe kleinasiatischer Gebrauchsteppiche in Museen und Privatbesitz noch eine große Zahl. Diese Teppiche haben ein sehr einheitliches Gepräge und behalten es auch durch das XVI. und XVII. Jahrhundert mit geringen Änderungen in Farbe und Zeichnung. Bei **Abbildung 9** zeigt das Mittelfeld in ziegelrotem Grunde eine gelbe Zeichnung ausgebreitet. Diese hat geometrischen Charakter, läßt sich jedoch bei genauem Besehen als äußerste Stilisierung pflanzlicher Motive erkennen. Die Unterschiede der einzelnen Stücke sind zumeist in der Borte zu finden. Die Farbe des Grundes ist blau oder grün, die Zeichnung gelb oder bunt. Sie besteht aus band- oder stabartig verschlungenen Ornamenten, welche kufischen Schriftzügen ähneln, oder steifen Ranken, stilisierten Blumen, auch tritt ein Motiv des chinesischen Formenschatzes in symetrischer Stilisierung auf, welches wir bald näher kennen lernen werden: das Wolkenband.

Eine in Farbe und Format sehr nahestehende Gattung des eben beschriebenen Typus wurde ebenfalls vom Anfang des XVI. bis Mitte des XVII. Jahrhunderts offenbar mit Vorliebe erzeugt. **Abbildung 10** zeigt ein mit den Anzeichen des Verfalles behaftetes Stück dieser Gruppe. In den alten Exemplaren sind die Ecken des Mittelfeldes mit stark stilisiertem Rankenwerk und die Borte mit schönen reichen Ornamenten, zumeist rot auf dunklem Grunde gezeichnet.

Zwei ganz eigenartig gezeichnete Teppichtypen dürfen hier nicht übergangen werden, die um 1600 entstanden sind. Beiden weisen die Bortenzeichnungen, welche in genau gleicher Art ausgeführt, abwechselnd in beiden Typen zu finden sind (**Abbildungen 11 und 12**), Kleinasien als Heimat zu. Beiden ist auch die weiße Färbung des Grundes gemeinsam. An anderen Farben ist nur noch gelb, rot und blau verwendet. Beiden Zeichnungen der Innenfelder ist sicherlich eine symbolische Bedeutung zuzumessen.

Gänzlich anderen Charakter der Zeichnung aufweisend, auch oft größer im Format ist ein ebenfalls in vergleichsweise zahlreichen Exemplaren bekannter Typus von Teppichen, welcher nach

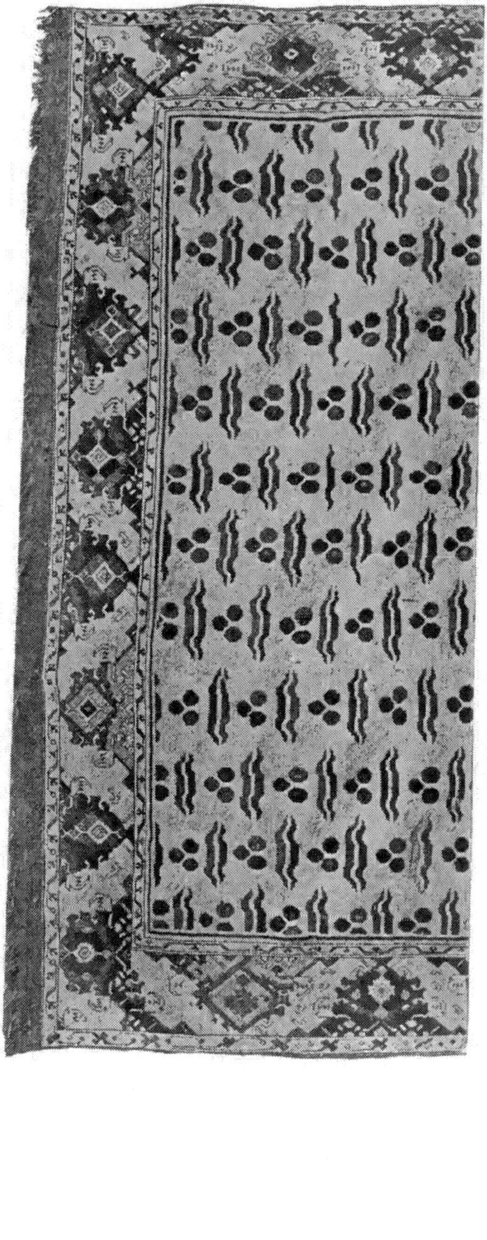

Abb. 11. Kleinasiatischer Teppich, um 1600 erstanden.

Abb. 12. Kleinasiatischer Teppich, um 1600 erstanden.

Abb. 13. Ein Vasenteppich, XVII. Jahrhundert.
Wien, Österreichisches Museum für Kunst und Industrie.

einem Motiv, welches sich meist in ihm vorfindet, Vasenteppich genannt wird (**Abbildung 13**). Ein hervorragend fein geknüpftes Stück dieser Sorte befindet sich in Wien im Museum für Kunst und Industrie. Typisch an dieser Gattung ist die regelmäßige, rautenförmige Einteilung des Mittelfeldes, die Vasen und zu Sträußen vereinten kleinen, zierlichen Blümchen neben auffallend großen, schwungvoll gezeichneten Lilien. Die Borte ist etwas schmal, aber von schönen, sicher konturierten Arabesken, seltener mit Blumengewinden ausgefüllt.

Die Einteilung in Rauten, welche mit Bäumchen oder Blumensträußen gefüllt sind, ist nicht selten anzutreffen. Aus der Reihe ähnlicher Teppiche verschiedener Herkunft sei hier in **Abbildung 14** ein in Farbe und Zeichnung besonders schönes Fragment eines Seidenteppichs, etwa der Mitte des XVII. Jahrhunderts angehörig, abgebildet. Das Wiener Werk „Orientalische Teppiche" weist einem offenbar jüngeren, ähnlichen, jedoch in Wolle gearbeiteten Stück Indien als Heimat an.

In mehreren der letzterwähnten Teppiche begegnen wir bereits Ornamentmotiven, die unwiderleglich von starker Beeinflussung des Westens durch die Meisterwerke der Teppichknüpfkunst sprechen, wie sie in Persien unter der Herrschaft der Safiden-Dynastie (1502—1736) insbesondere während der Regierung des Schah Abbas I. (1587—1628) erzeugt wurden.

Diese Teppiche stellen an Schönheit der Zeichnung, Genauigkeit der Arbeit und Qualität der verwendeten Materialien wohl das Vollendetste dar, was auf diesem Gebiete jemals geleistet worden ist. Die Kostbarkeit dieser Teppiche stempelt sie zu ausgesprochenen Luxusartikeln, deren Anschaffung auch zurzeit der Entstehung nur Herrschern, den Großen, Mächtigen und Reichen der damaligen Gesellschaft möglich war. Als Kostbarkeiten ersten Ranges figurierten diese Meisterstücke der Textil-Industrie unter den Geschenken der orientalischen Herrscher an die Souveraine des Abendlandes.

Die Herstellung solcher Prachtstücke durch Privatunternehmer, oder gar im Wege der Hausindustrie ist als ausgeschlossen zu betrachten.

Der berühmte Ardebil-Teppich im Victoria- und Albert-Museum zu London ist aus Wolle gefertigt und enthält in einer

Fläche von 61,5 qm über 32 500 000 Knüpfungen. Bei der Breite von 5,34 m dürften gleichzeitig kaum mehr als fünf Personen an ihm gearbeitet haben, wenn es überhaupt zulässig erscheint anzunehmen, daß mehrere Personen imstande sind, so gleichartig zu arbeiten, daß in dem Grundgewebe keine Spannungen eintreten.

C. W. Koch gibt als Wochenleistung einer geschickten Knüpferin 70 000 Maschen an. Dies gilt selbstredend nur für die heute gewöhnliche Marktware. Für eine nur einmal ausgeführte, sehr feine und kunstvolle Zeichnung, wie sie im Ardebil-Teppich zu sehen ist, dürfte die Ziffer wohl doppelt zu hoch gegriffen sein. Unter der Annahme von 40 000 Maschen, müßte von fünf erstklassigen Kräften mehr als 3 Jahre, oder wenn nur von einer Künstlerin geknüpft, mehr als $15^{1}/_{2}$ Jahre an diesem berühmten Stück gearbeitet worden sein. — Es wird auch allgemein angenommen, daß diese berühmten Teppiche in staatlichen Anstalten, von allerbesten Arbeitskräften und unter Beaufsichtigung staatlicher Organe hergestellt wurden. Es

Abb. 14. Ein Seidenteppich aus der Mitte des XVII. Jahrhunderts.
Im Besitze von J. Orendi in Wien.

sei hier nur nebenbei erwähnt, daß heute nur ganz selten ein Stück (als „Jspahan" bezeichnet) im Handel erscheint und auch Fragmente schon schwer und nur zu ganz enormen Preisen erhältlich sind.

Bei Betrachtung der immerhin in Sammlungen und Museen recht zahlreich vorhandenen Stücke fällt die große Einheitlichkeit in Anlage und Zeichnung auf. Sie ist der Beweis eines ausgeprägten, sicheren Stilgefühles, wie **Abbildung 15** zeigt.

Wir sehen den Teppich in Mittelfeld und Borte eingeteilt. Die Mitte des Innenfeldes ist durch einen runden oder gezackten Stern betont, an welchem zumeist nur in der Längenachse des Teppichs noch je ein kleineres Schild in Form einer Partisanenspitze oben und unten angeschlossen ist, manchmal auch rechts und links. Die Ecken des Mittelfeldes sind abgegrenzt und entsprechen gewöhnlich in Größe, Gestalt und Musterung dem vierten Teil des mittleren Sternes (s. **Motivblatt VIII Fig. 12**). Das Mittelfeld ist von einer Borte, gleich einem Rahmen in glücklichstem Breitenverhältnis zu jenem umschlossen.

Die Borte zerfällt selbst wieder in drei Streifen, deren mittelster der breiteste, der äußerste zumeist ein wenig breiter als der innerste, schmälste ist.

Mittelstern und Ecken sind durch Grundfarbe und Zeichnung vom übrigen Mittelfelde deutlich geschieden.

Die Zeichnung ist vor allem charakteristisch durch die Darstellung kunstvollst verschlungenen Gerankes, welches in prachtvoll gerundeter Bogenführung den Grund gleichmäßig überspannt, in vielen Über- und Unterkreuzungen ein zierliches Netz bildend, dessen weite Maschen aufs geschickteste von Zweigen, Blättern und Blüten gefüllt werden.

In den Mittelsternen und den Ecken ist zumeist stärkere Stilisierung, ornamentalerer Charakter der Zeichnung bemerkbar.

So kostbar diese Teppiche uns erscheinen, werden sie doch noch an Wert des Materials — nicht an Schönheit des Musters — durch eine Anzahl in Seide gearbeiteter Teppiche übertroffen.

Das Grundgewebe, Kette und Schluß ist auch bei in Wolle gearbeiteter Knüpfung häufig aus Seide, um die Teppiche haltbarer zu machen.

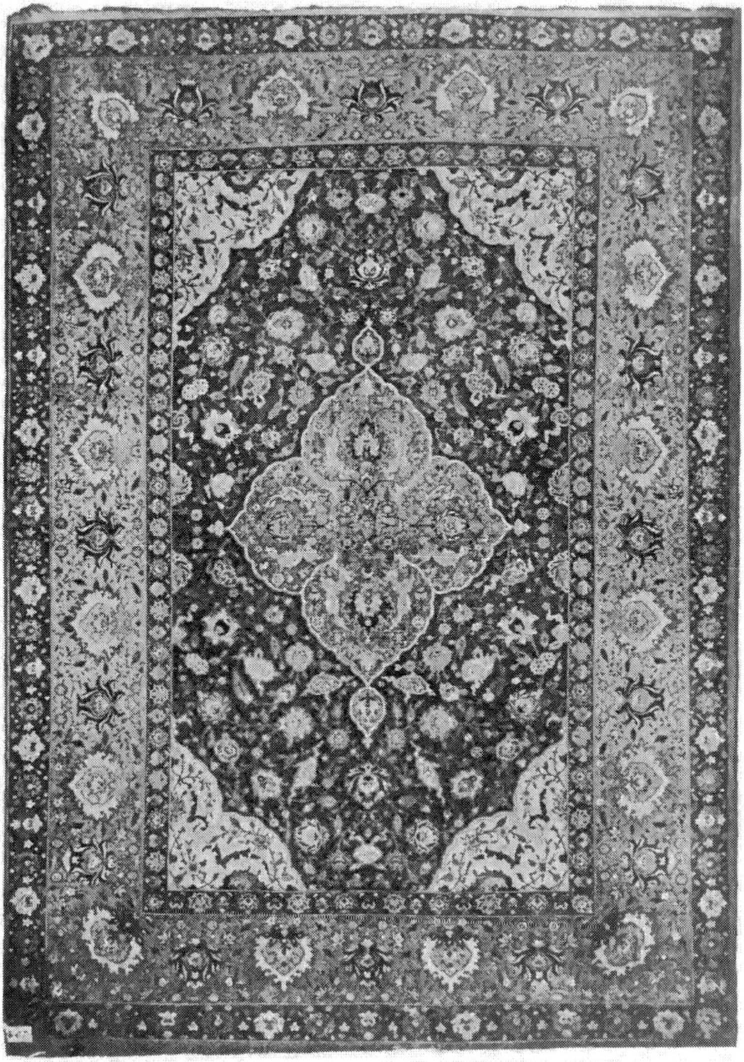

Abb. 15. Ein Jspahan-Teppich.

Abb. 16. Ein Tierteppich.

Dem Charakter nach ganz ähnlich sind die unter der Bezeichnung Tierteppiche bekannten Stücke. Sie sind ebenfalls sowohl in Wolle, als in Seide ausgeführt und zeigen dasselbe Netz von Zweigen und Ranken — doch sind hier in die Ornamente allerlei Tiere oft sehr geschickt in den Zug der Linien eingefügt. Allerlei Vögel und jagdbare Tiere, auch Raubtiere (mit Vorliebe Löwen und Panther), sowie Fabeltiere bekämpfen sich oder werden in Stellungen dargestellt, welche gleichzeitig von vorzüglicher Naturbeobachtung und großem Geschick zeugen. (s. **Abbildung 16 und Motivblatt X**).

Die allerseltensten Stücke sind die sogenannten Jagdteppiche. Der Name dieser Teppiche rührt davon her, daß in dem Raume zwischen Mittelstern und Ecken des Mittelfeldes an Stelle des Blumengerankes Jagdszenen zur Darstellung gebracht werden.

In dem berühmtesten der wenigen existierenden Stücke, welches im Besitze des österreichischen Kaiserhauses ist, verfolgen reitende Perser, ausgerüstet mit Lanzen, Schwertern, Bögen und Pfeilen, Steinböcke, Antilopen, Hirsche und Eber. Die Darstellung ist eine sehr realistische; die Tiere bluten aus den Wunden und ein Löwe, welcher einen Reiter bedroht, wird von hilfreich herzueilenden Jagdgenossen mit beiden Händen beim Schweife erfaßt. All diese zahlreichen Gestalten sind aber nicht in ein fortlaufendes Rankenornament eingefügt. Hier ist der Versuch gemacht, ein Jagdgelände mit seinen Bäumen, Gebüschen und Blumen darzustellen — er gelangt zur Durchführung in der Art eines geodätischen Planes, in welchem Sumpf, Wiese, Wald und Weide ohne jede Perspektive durch konventionelle Zeichen angedeutet wird. Auch diese Teppiche wurden sowohl in Seide, als in Wolle hergestellt.

Darstellungen solcher Teppiche, namentlich der mit Blumenranken verzierten, finden sich häufig auf gleichzeitigen persischen und indischen Miniaturen. Martin hat in seinem jüngsten Werke häufig auf das Vorkommen der Teppiche auf Miniaturen hingewiesen. Unsere Abbildungen 17 und 18 reproduzieren ein paar Miniaturen aus der Sammlung Dr. Schulz in Berlin, auf denen Teppiche in mannigfacher Anwendung dargestellt sind.

In allen diesen Teppichen ist auch der Ausführung der Borte

eine große Sorgfalt zugewendet. Wir finden in ihr entweder fortlaufende Gewinde mit großen, prächtigen Blumen, oder schwungvoll gezeichnete Arabesken, oder aber längliche Felder, abwech-

Abb. 17. Darstellung von Teppichen auf einer persischen Miniatur des XVII. Jahrhunderts in der Sammlung Dr. Walter Schulz in Berlin.

Abb. 18. Darstellung von Teppichen auf einer indopersischen Miniatur des XVII. Jahrhunderts in der Sammlung Dr. Walter Schulz in Berlin.

selnd mit kleineren, runden Schildern, ganz in der Art wie auf alten Metallarbeiten (s. **Abbildung 19**) orientalischer Herkunft.

Abb. 19. Segment einer orientalischen Metallarbeit des XVIII. Jahrhunderts.

Diese Felder und Schilde enthalten häufig Inschriften: Koransprüche oder Zitate aus berühmten Gedichten, seltener Blumenmuster.

Der harmonische Eindruck, welchen insbesondere jene Isfahan-Teppiche ohne oder nur mit wenigen Tierfiguren in uns hervorrufen, rührt jedoch nicht vom Gebrauch eines einheitlichen — alles fremdartige abweisenden Stiles her. Man vermag im Gegenteil an dem persisch- oder iranisch-arabischen Stamme ganz deutlich die aufgepfropften Reiser sarazenischer und chinesischer Kunst erkennen. Die Fähigkeit, diese fremden Bestandteile aufzunehmen, sie um- und auszugestalten im Sinne des eigenen Kunstempfindens, ohne ihnen hierbei die Eigenart gänzlich zu nehmen, ist höchst bezeichnend für persische Art jener Zeit.

Abb. 20. Orientalische tauschierte Kupferschale. XVI. Jahrhundert.

Deutlich genug tritt uns „die Arabeske", das Pflanzenrankenornament der sarazenischen Kunst überall entgegen — geradezu kennzeichnend aber für die Blüteperiode der Teppicherzeugung in Persien unter den Safiden ist die Aufnahme chinesischer Motive.

Wir haben bereits bei Besprechung der ältesten Tierteppiche erwähnt, daß sich unter den dargestellten Tieren auch Fabelwesen befinden. Neben diesen, welche, wie Drache und Phönix (s. **Motivblatt X**), ausgesprochenen chinesischen Charakter haben, jedoch nur in den seltenen Prachtexemplaren vorkommen, findet sich noch ein anderes, echt chinesisches Motiv, das „Tschi" der Schwamm, welcher als Symbol der Unsterblichkeit gilt (s. **Motivblatt X und XI**).

Dieses schon in chinesischen Darstellungen sehr verschiedenartig gezeichnete Symbol, gelangte in der persischen Teppich-

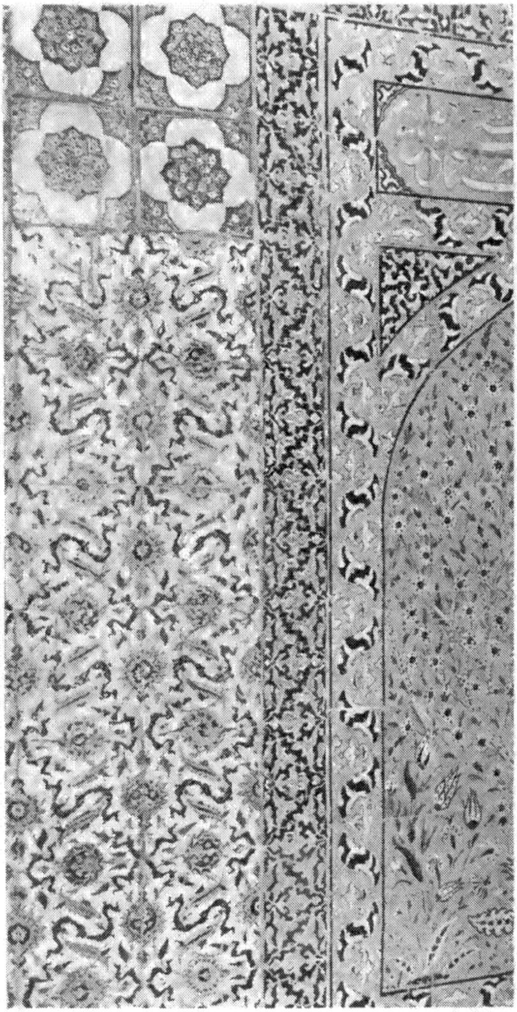

Abb. 21. Fayencen aus dem alten Serail in Konstantinopel. XVII. Jahrhundert.

Abb. 22. Persischer Gebetteppich (XV. Jahrhundert) aus dem Kaiser-Friedrich-Museum in Berlin.

kunst jener Zeiten zu großer Beliebtheit. Wir finden es auf Leder- und Metallarbeiten (s. **Abbildung 20**), wenn auch seltener, öfterer dagegen auf Fayencen (s. **Abbildung 21**), am häufigsten jedenfalls in Teppichen.

Die Bildsamkeit des Motivs wurde von den persischen Künstlern benützt, um es in die Blumengewinde einzuflechten und später in symmetrischer Anordnung in Band- und Schleifenform zu einem Hauptornament der ganzen Periode auszugestalten.

In Teppichen des XVII. Jahrhunderts fehlt ab und zu die Abtrennung der Ecken, öfter noch der große Mittelstern — die Mitte wird dann meistens durch zwei sich gegenüberstehende symmetrische „Wolkenbänder", wie diese in die Länge gedehnten „Tschi" genannt werden, markiert (s. **Motivblatt II Fig. 2; Abbildung 25, 26**).

Aus Persien nahm das „Wolkenband" seinen Weg ostwärts nach den Teppicherzeugungsstätten Kleinasiens — allerdings mit der räumlichen und zeitlichen Entfernung von der östlichen Heimat immer mehr vom ursprünglichen Charakter einbüßend.

Geradezu eine Apotheose dieses altehrwürdigen Motivs verdient der prächtige Teppich genannt zu werden, welcher gleichzeitig als ältester bestehender Gebetteppich anzusehen sein dürfte, da Bode ihn in das XV. Jahrhundert setzt. Das Wiener Werk „Orientalische Teppiche" gibt als wahrscheinliche Heimat des jetzt im Kaiser-Friedrich-Museum zu Berlin befindlichen Teppichs (s. **Abbildung 22**) Kleinasien an.

Im Charakter der Zeichnung nächst verwandt mit den bis jetzt besprochenen Teppichen der Safidenzeit ist eine andere große Gruppe orientalischer Teppiche, welche unter dem Namen Polenteppiche zusammengefaßt werden, obwohl die ursprüngliche Begründung dieser Bezeichnung heute von niemandem mehr aufrecht erhalten wird. Einige derselben zeigten das offenbar später eingewebte Wappen der Czartoryski und da im XVIII. Jahrhundert in den Orten Slavuta und Słucz in Volhynien nach orientalischen Mustern seidene Gürtel gewebt worden sind, glaubte man auch die Czartoryskischen und die anderen ähnlichen Stücke dort entstanden. Bode vermutet, daß diese Teppiche in der asiatischen Türkei entstanden seien. Sollte der bei Martin „A history of oriental carpets before 1800" abgebildete

Abb. 23. Altpersischer Knüpfteppich. XVI. Jahrhundert.
Im Besitze Seiner Majestät des Königs von Sachsen.

„Krönungs"-Teppich aus Schloß Rosenborg, Kopenhagen, wie dessen Muster annehmen läßt, die den Polenteppichen eigenartige atlasartige Bindung des Goldgrundes besitzen, dann würde man wohl an eine zweite, unter anderen traditionellen Einflüssen arbeitende staatliche Anstalt in Persien denken müssen, da dieser mehr als 19 m große Teppich als Geschenk des Schah von Persien 1639 bezeichnet ist.

Die Teppiche dieser Gruppe sind unter sich sehr ähnlich — die Zeichnung hat zwar ebenfalls den blumigen Charakter der berühmten Perserteppiche, doch ist die sichere, kühne Führung der Ranken und deren Zartheit zu vermissen. Die Zweige sind schwerer, breite Lanzetblätter, große Blumen werden zur Raumfüllung benutzt, die Arabesken zeigen allerlei Zutaten, kurz, viele Teppiche dieser Art machen einen überladenen Eindruck. Einige unter ihnen — z. B. ein ganz kleines Stück im Münchener National-Museum — sind sehr fein gezeichnet. Der Gesamteindruck der Färbung ist zumeist sehr hell. Die Teppiche (als Beispiel s. **Abbildung 23**) sind in Seide, Gold- und Silberfäden gearbeitet. Doch ist nur das in Seide gearbeitete Dessin geknüpft, der Goldgrund ist durch eingewirkte Fäden hergestellt, welche, wie schon erwähnt, über mehrere Kettenfäden frei hinlaufen, wodurch zwar eine starke Glanzwirkung erreicht, dagegen die Dauerhaftigkeit stark beeinträchtigt wird.

Ehe hier auf andere Teppichgattungen übergegangen wird, soll betont werden, daß jener persischen Glanzperiode des XVI. und XVII. Jahrhunderts eine Zeit des Verfalls gefolgt ist, welche bis zum heutigen Tage reicht. Der Niedergang der prachtliebenden, mächtigen Dynastie, die darauffolgenden Thronstreitigkeiten, welche das Land nicht zur Ruhe kommen ließen, dürfte das Erlöschen der alten Traditionen genügend erklären. Wenn wir an die Wirkung des dreißigjährigen Krieges auf das Kunstgewerbe Deutschlands denken, sehen wir, daß die zahllosen Raub-, Eroberungs- und Verteidigungskriege, welche mit einer einzigen Pause von 1759—1779 unter Cerim Chan, Persien von 1722 bis tief ins XIX. Jahrhundert nicht zur Ruhe und gedeihlichen Entwickelung kommen ließen, auch eine ähnliche Wirkung übten.

Es sei hier der Versuch gemacht, an der Hand einer Anzahl

von Originalen diesem Abfall von einstiger Größe zur Alltäglichkeit zu folgen.

Abbildung 24 zeigt das Fragment eines Teppichs etwa aus der Mitte des XVII. Jahrhunderts. Es zeigt noch gute Raum-

Abb. 24. Fragment eines persischen Teppichs, etwa aus der Mitte des XVII. Jahrhunderts.

füllung, richtige Formen des Tschi und der großen Blumen, auch die typische rote Farbe des Mittelgrundes, die dunkle der Borte beweisen die Frische der Überlieferung. Es könnte der besten Zeit zugezählt werden, wäre nicht eine gewisse Unbeholfenheit, Eckigkeit in der Zeichnung der Ranken unverkennbar.

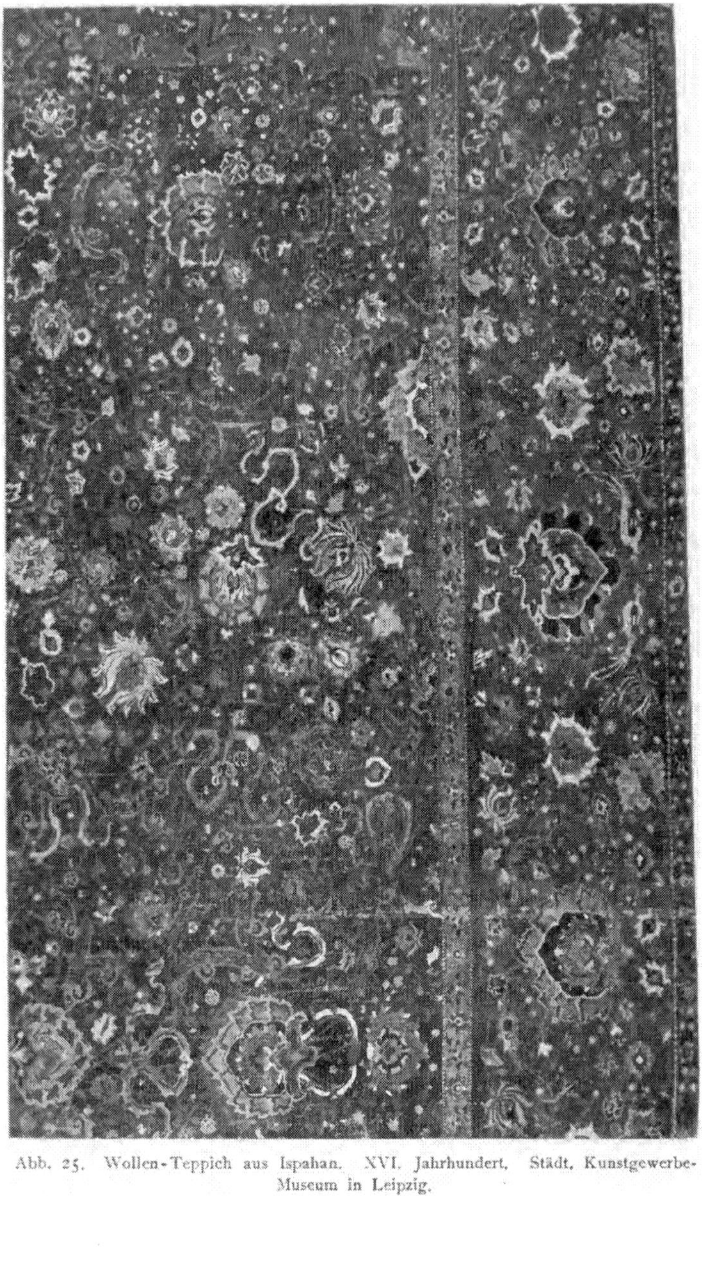

Abb. 25. Wollen-Teppich aus Ispahan. XVI. Jahrhundert. Städt. Kunstgewerbe-Museum in Leipzig.

Abb. 26. Altpersischer Teppich.

Abbildung 25 reproduziert einen persischen Teppich im Leipziger Kunstgewerbe-Museum aus der Mitte des XVI. Jahr-

Abb. 27. Nachahmung eines alten persischen Teppichs. XVIII. Jahrhundert.

hunderts, auf dem das Blumen- und Rankenwerk mit chinesischen Wolkenbändern verbunden erscheint. In der Farbe ist dieser Teppich von prächtiger Wirkung, zu der die Bordüre mit einem

Abb. 28. Nachahmung eines persischen Teppichs kaukasischer Herkunft. XVIII. Jahrh.

Muster, das Paradiesvögel beleben, erheblich beiträgt.*) Der Grund der Borte ist dunkelgrün.

Aus **Abbildung 26** findet man noch leicht die alten klassischen Einzelmotive heraus, ist ja das kennzeichnende Wolkenband mit seinen knollenartigen Auswüchsen noch deutlich zu erkennen. Doch die Ranken sind noch eckiger und steifer geworden. Eine deutliche Neigung zur Gruppeneinteilung des Musters tritt auf und gleichzeitig jene gekrümmten schmalen, einseitig gezahnten Blätter, welche im Heratmuster des XIX. Jahrhunderts als Flankierung eines Rhombus behandelt sind. Und auch dieser Rhombus selbst erscheint schon angedeutet, entstanden durch die eckige Abknickung der langen, blätterlosen Stengel.

Abbildung 27 ist der unbeholfene Versuch, ein altes, großzügiges Musterstück, welches vielleicht auch nur in einem Fragment vorlag, nachzumachen. Das Muster dürfte sogar einer der ältesten Typen angehört haben, wie dies an der gedrungenen kurzen Form des „Tschi" zu erkennen ist, welches im Mittelfeld an mehreren Stellen steht und in einer ebenfalls alten Form, in den schmalen Längsborten vorkommt. Allerdings ist auch nicht zu verkennen, daß der Zeichner und Knüpfer dem Motiv kein Verständnis entgegenbrachte. Die unglaublichen Verzerrungen der Blumen, Stengel und Arabesken beweisen zur Genüge, wie wenig der Arbeiter der Aufgabe gewachsen war, die er sich gestellt.

Geradezu ein Schulbeispiel für die Umformung der ganzen Muster, wie der einzelnen Motive, wenn sie auf kaukasischen Boden verpflanzt werden, bildet **Abbildung 28**. Das persische Samenkorn ist über allen Zweifel erhaben, kenntlich. Ist auch kein Mittelmedaillon und keine Eckenabtrennung zu bemerken, so braucht man sich die Ranken, die Blumen, die Wolkenbänder in Mittelfeld und Borte nur rund statt eckig gezeichnet vorzustellen, so ist der Ispahan des späten XVII. Jahrhunderts vor unseren Augen. Die Eckigkeit der Linienführung ist hier jedoch durchaus nicht Unbeholfenheit, Mangel an Technik — sondern Absicht. Man beachte nur die Enden der in der Längsrichtung

*) Der Leipziger Teppich ist ein Fragment von 2,95 zu 2,3 Metern. Ein ganzer, im Muster gleicher Teppich befindet sich in der Sammlung A. Thiem in San Remo.

Abb. 29. Ein anatolischer Teppich aus dem Anfang des XVIII. Jahrhunderts.
Im Besitze von Nabel in Berlin.

des Teppichs stehenden Wolkenbänder, welche als stilisierte Blätter ausgestaltet sind. Als lokale Zugabe, welche den alten Nachbildungen berühmter Muster nie fehlt, weil man sie in voller Harmlosigkeit, ohne die Absicht zu täuschen, übte, ist hier fünfmal ein aus acht Spiralen bestehendes Motiv angebracht, welches in kaukasischen Teppichen häufig zu finden ist, in dem Teppich der Kaschkai-Nomaden ural-altaischen Stammes aber nie fehlt (s. **Motivblatt VII, Fig. 19**).

Auch in Kleinasien wurden die persischen Prachtteppiche nachgebildet. Insbesondere soll Damaskus eine blühende Teppichindustrie besessen haben. Diese kleinasiatischen Nachahmungen unterscheiden sich durch die verwendete Wolle auf den ersten Blick von den persischen Originalen. Die Wolle der letzteren gemahnt sehr an jene älterer Senneteppiche (s. **Motivblatt III, 8**). Sie fühlt sich spröde an, jedes Härchen separiert sich vom unmittelbaren Nachbarn, außerdem sind die Teppiche kurz geschoren, wie man an den minder abgenutzten Stellen sehen kann. Die kleinasiatischen Nachbildungen dagegen haben ein viel höheres Vließ, die Wolle ist weich, schmiegsam und glänzend. Auch in der Zeichnung finden sich Hinweise der außerpersischen Entstehung (siehe **farbige Tafel I** vor Seite 49). Die Zeichnung des inneren schmalen Streifens der Borte hat nichts Persisches an sich, ebenso sind die drei kleinen S-Figuren links und das stehende durchkreuzte Viereck rechts unten anatolische Landeszugaben.

Neben diesen direkten Nachahmungen persischer Originale wurden in Kleinasien jedoch noch zahlreiche Teppichtypen erzeugt, welche zwar durch Aufnahme einzelner persischer Motive von dem starken Einflusse zeugen, den Persien in dieser Hinsicht auf die ganze islamische Welt übte, jedoch als ganz selbständige Erzeugnisse betrachtet werden mußten.

Nach Anlage der Zeichnung müssen wir hier eine Gruppe von Teppichen besonders hervorheben, welche nirgends solche Verbreitung gefunden haben, wie in Kleinasien: die G e b e t t e p p i c h e.

Dem Mohammedaner sind täglich fünf Waschungen vorgeschrieben, welchen fünf Gebete zu folgen haben. Wie zu den Waschungen ganz bestimmt geformte Gefäße Verwendung finden und in genau festgelegter Weise gebraucht werden, ist

Abb. 30. Ein sogenannter Friedhofteppich anatolischer Herkunft. XVIII. Jahrhundert.

auch für die Gebete alles genau geregelt. Dicht vor die Gebetnische (Ribla) wird der Gebetteppich gebreitet. Der Andächtige soll mit dem Haupte nach Mekka gewendet beten. Dementsprechend hat der Teppich eine bestimmte Zeichnung, welche selbst an eine Nische gemahnt, deren Giebel so gerichtet wird, daß er nach Mekka weist. Auf das breite Ende tritt der Fromme, um sich nach Verbeugungen gegen die Engel zur Rechten und zur Linken und mehreren (gemurmelten) Gebeten auf die Knie niederzulassen und auf die Hände gestützt mit dem Kopfe die Erde, d. h. den Teppich zu berühren.

Während es in Persien nur wenige durch die Zeichnung und Form hierzu besonders gekennzeichnete alte Teppiche gibt, über mittelasiatische und kaukasische antike Gebetteppiche für den Tagesgebrauch gar nichts bekannt ist, kennt man außer einigen seltenen Typen, wie jene schön und einfach gezeichneten Teppiche, welche nach Färbung und Zeichnung nächst verwandt mit der als Abbildung 10 beschriebenen Gruppe (s. auch **farbige Tafel I**) sind, eine ganze Reihe alter Gebetteppiche.

In Europa werden sie zumeist als anatolische Teppiche zusammengefaßt, welche Bezeichnung jedenfalls richtiger ist, als die ebenfalls übliche, die Herkunftsstätte eng umgrenzende Bezeichnung „Ghiordes-Teppiche", denn für eine große Anzahl typischer Gebetteppiche läßt sich ein bestimmter Heimatsort heute nicht mehr angeben.

Sie zeigen im allgemeinen einen oder auch drei Giebel, von Säulen getragen. Von der Spitze des Mittelgiebels hängt irgend ein Zierat, einem Blumenstrauß ähnelnd, herab. In jüngeren Stücken wohl auch eine jener für die Waschungen gebrauchten Kannen. Je deutlicher der architektonische Charakter ausgeprägt ist, je klarer Sockel, Schaft und Kapitäl der Säulen zu unterscheiden sind, je markierter die Giebelzeichnung hervortritt, desto ursprünglicher, älter ist der Teppich.

Natürlich muß man sich hüten, künstlich alt gemachte, neue Kopien für alt zu halten.

Abbildung 29 zeigt ein ganzes Stück, welches den einfachen Einzelheiten der Zeichnung nach zu den früheren der Gattung, etwa in den Anfang des XVIII. Jahrhunderts zu datieren wäre. Dieser Teppich ist bestimmt nicht aus der Gegend von Ghiordes;

Kleinasiatische Nachahmung eines persischen Teppichs des 16. Jahrhunderts.

(Text s. Seite 46.)

Abb. 31. Ein alter Ghiordes-Gebetteppich einfacherer Art.

eher ist er in dem nordwestlichen Teil Kleinasiens, in der Gegend von Pergamo entstanden.

Abbildung 30 stellt eine häufige Type von Gebetteppichen dar, welche „Friedhofteppiche" genannt werden. Die vier gleichen, kleinen Landschaften und die Moschee über ihnen zeugen von außerordentlichem Geschick der Knüpferinnen und feinem Farbensinn; man glaubt ein Gobelin vor sich zu haben. Nach den Farben und der Zeichnung unmittelbar über dem Giebel ist der Teppich aus Kula. Es ist nur das Mittelfeld alt, wohl aus dem XVIII. Jahrhundert, die Borte in vorzüglicher Arbeit neu angewebt. Sie dürfte ursprünglich anders gezeichnet gewesen sein, die höhere Bewertung, welche Ghiordes-Teppiche finden, wird den orientalischen Ausbesserungskünstler jedoch veranlaßt haben, eine Ghiordes-Bordüre mit Löwenmasken, wie solche im XVII. Jahrhundert gearbeitet wurden, zu wählen. Die schmale äußere Borte ist jedoch wieder typisch für Kula-Teppiche, auf welchen sie fast nie fehlt.

Neben diesen einfacheren Gebetteppichen, welche in Struktur und Färbung den anderen Erzeugnissen der Gegend entsprechen und bei denen nur die Nischenzeichnung die Bestimmung zu einem ausschließlichen rituellen Zweck andeutet, scheint es im XVII. Jahrhunderte in Kleinasien eine, vielleicht sogar mehrere Stätten gegeben zu haben, an welchen auch in größerem Maßstabe und auch für Luxuszwecke in Material und Arbeit feinere Teppiche hergestellt wurden.

Sind die alten, feinen Stücke heute, seitdem Europa und noch vielmehr Amerika im Orient alles derartige sucht und kauft, ungemein selten geworden, so darf man nicht übersehen, wie viele solche prächtige Stücke in Museen und Privatsammlungen bestehen und muß der großen Anzahl verdorbener und verlorener Exemplare gedenken.

Eine solche Massenerzeugung allein der Hausindustrie zuzuschreiben, fällt schwer. Anderseits ist nicht nur wahrscheinlich, daß die reich und mächtig gewordenen Osmanen-Sultane geschickte Arbeiter aller Art zur prächtigen Ausgestaltung ihrer Hofhaltungen heranzogen, sondern daß die Verlegung des politischen Schwerpunktes nach Westen ganz von selbst einen Zug nach dem Westen unter den berühmten persischen Arbeitskräften bewirkte, so daß ähnliche Manufakturen entstanden wie in Persien.

Abb. 32. Ein alter Uschak-Teppich.

Es besteht auch eine dahin lautende Tradition für einen Ort im Hinterlande Smyrnas, doch sind die Angaben viel zu unsicher, um eine bestimmte Behauptung aufstellen zu können.

Sicher ist nur, daß die ganz alten Teppiche von Kula, noch mehr aber jene des benachbarten Ghiordes, einen hohen Ruf genossen, welcher sich im Orient bis auf den heutigen Tag erhalten hat.

Ein altes, einfaches Exemplar ist unter **Abbildung 31** wiedergegeben, dagegen stellt die **farbige Tafel II** (vor Seite 57) einen feinen Gebetteppich vor. — Die alten Ghiordes-Gebetteppiche zeigen mehrere Eigentümlichkeiten. Sie sind dichter und fester geknüpft als die gewöhnlichen Anatolier, was jedenfalls mit die Ursache ist, daß vergleichsweise so viele solcher Teppiche existieren. Das Material der Kette ist eine vorzügliche Wolle, welche zum Schutz gegen frühzeitiges Verschließen oft handbreit über die Zeichnung hinaus verwebt, zu Fransen verknüpft oder aber wie bei der farbigen Tafel II, in der Art der Karamani-Kilims, in verschiedenfarbigen Streifen, mit Metallfäden durchwirkt ist. — Die Ränder der Langseiten sind durch angenähte, schmale, äußerst dicht gearbeitete, helle Seitenbörtchen geschützt. — Im weiteren zeigen diese Teppiche eine sonst nur bei sehr großen Stücken zu beobachtende Herstellungsart. Man kann bei jedem echten alten Ghiordes (und Kula) auf der Rückseite deutlich erkennen, daß der Teppich nicht gleichmäßig über die ganze Breite, sondern stückweise, in Zwickeln gearbeitet ist. Bei stark abgebrauchten Stücken, wie Abbildung 31, sind diese quer über die Kette hinlaufenden Strukturlinien auch auf der Vorderseite zu bemerken.

Eine Erklärung dieses Vorganges zu finden, ist mir nicht gelungen, da die Begründung für große Teppiche hier nicht zutrifft. An Stücken, an welchen mehrere Personen arbeiten, läßt man in solcher Art knüpfen, um die kaum zu vermeidenden Unterschiede im Anziehen der Knüpfungsfäden nicht durch die ganze Länge des Teppichs an denselben Kettenfäden auftreten zu lassen, wodurch der Teppich aus mehreren verschieden fest geknüpften Streifen bestände, welche natürlich zur Faltenbildung Anlaß geben würden.

In der farbigen Tafel II ist auch zur Knüpfung mehrfach Seide verwendet, was meines Wissens auch in dem Schwesterstücke im Prager Gewerbe-Museum nicht vorkommt. Wenigstens

Abb. 33. Ein alter Kirman-Teppich.

erwähnt das Wiener Werk „Orientalische Teppiche" hierüber nichts. Da jedoch, wie aus den oberen Inschriften:*) „Mein Ge-

*) Prof. Dr. v. Kaelitz hatte die Freundlichkeit, die Inschriften zu übersetzen.

bieter, mein erlauchter Padischah — Du mögest froh und glücklich sein bis zum Tage des jüngsten Gerichtes" hervorgeht, dieses Stück als Geschenk für einen Sultan oder sonstige hohe Persönlichkeit bestimmt war, dürfte die Verwendung dieses Materiales für Ghiordes-Teppiche wohl nur als Ausnahme zu betrachten sein, — zur Ausnahme wird dieser Teppich auch durch die untere Inschrift: „Ich komme mit meinem sündenbeladenen Haupte vor deinen Thron — hoffe, daß vergeben werden meine Schuld und Sünde" geprägt, wenigstens ist mir kein zweites Stück bekannt, welches in der freien Fläche der Gebetnische, das „mihrab" eine Inschrift enthält. Die Inschrift ist türkisch, enthält jedoch einige persische Worte, welcher Umstand jedoch leider nicht zur Bekräftigung der früher ausgesprochenen Vermutung persischer Arbeiter in Anatolien herangezogen werden kann, da es für nobel galt und gilt — dem Türkischen möglichst viele persische und arabische Worte einzuflechten. Auch die Löwenmasken in den Blumen der Borte, welche in persischen Teppichen des XVI. und XVII. Jahrhunderts wiederholt zu finden sind, können Nachbildungen persischer Muster sein.

Die persische Beeinflussung läßt sich auch leicht an einer großen Gruppe alter anatolischer Teppiche erkennen, welche von der ersten Hälfte des XVI. Jahrhunderts an bis ins XVIII. Jahrhundert in einer großen Anzahl von Exemplaren hergestellt wurden. Sie sind auch heute noch in Konstantinopel ziemlich häufig zu bekommen, wenn es auch oft schwierig zu entscheiden ist, ob man es mit alten, reparierten Stücken oder mit neuen zu tun hat, welchen einige alte Flecke eingesetzt sind. — Von diesen Teppichen, welche heute im Handel als „alte Uschak" bekannt sind, gibt es drei oder vier Arten, welche jedoch in den Grundzügen so übereinstimmen, daß es genügen wird, die häufigsten Typen hier im Bilde (**Titelbild** und **Abbildung 32**) vorzuführen und zu besprechen.

Im fast stets rot gefärbten Mittelfeld befinden sich je nach der Größe zwei oder mehr Sterne von dunkelblauem Grund und hellgelber Zeichnung, welche in den alten Stücken schöne Arabesken sind, in den späteren mehr geometrischen Figuren ähneln. — Der Grund ist von blaugrünem Rankenwerk gefüllt.

In der Borte kommt häufig das Wolkenband vor, bei jüngeren Stücken werden auch hier die Muster schwächer.

Eine der Arten dieser Teppiche hat in der Mitte einen runden Stern, umrandet von einer kraus gezackten Linie. Diese Gattung der Uschak-Teppiche wurde das Vorbild der ältesten Smyrnateppiche.

Bereits die Anzeichen des Verfalles an sich tragend, doch den Zusammenhang mit den guten Stücken der persischen Glanzperiode verratend, sei hier (**Abbildung 33**) ein alter Kirman-Teppich abgebildet.

Als Beispiel eines alten persischen Gebetteppichs diene **Abbildung 34.** Die zarten Blumensträuße im oberen Teil, die Rundungen der Blätter und Ranken im unteren sind beste persische Tradition.

Abb. 34. Ein alter persischer Gebetteppich.

Die kaukasischen Landschaften gehören heute zu den Gegenden des Orients, in welchen die meisten Teppiche erzeugt werden, diese Industrie ist dort seit uralten Zeiten heimisch, es ist daher nicht anzunehmen, daß dort vom

Abb. 35. Ein alter kaukasischer Teppich aus der Sammlung von Girgl in Budapest.

Ein alter Ghiordes Gebetteppich (Smyrna).

(Text s. Seite 52.)

XVI. bis zum XVIII. Jahrhundert keine Teppiche erzeugt wurden. Nach den vorhandenen Werken über alte Teppiche aber sollte man dies beinahe glauben, man findet dort keines kaukasischen Teppichs Erwähnung getan.

Dies hat seinen Grund in den erschwerten Handelsverhältnissen der kaukasischen Länder mit dem Westen seit der Eroberung Konstantinopels durch die Türken. Es kamen nur wenige Stücke nach Europa und in der Heimat dürften sich ebenfalls nicht viele Stücke erhalten haben. Sind doch die meisten der besprochenen persischen und anatolischen Prachtstücke aus abendländischen Kirchen, Klöstern, Synagogen und Hofhaltungen in die Museen und Privatsammlungen gelangt.

Abb. 36. Ein alter kaukasischer Teppich aus der Mitte des XVIII. Jahrhunderts.

Außerdem wurden Teppiche bislang nur vom kunsthistorischen Standpunkte aus betrachtet. Für den Kunsthistoriker aber bieten die einfachen Gebrauchsteppiche wenig des Interessanten, ebensowenig wie die kaukasischen Umbildungen persischer Motive.

Da hier für das sammelnde Publikum möglichst viele Beispiele zur Einführung in das Gebiet dienen sollen, sei hier

Abb. 37. Kaukasischer Teppich aus dem Ausgange des XVIII. Jahrhunderts.

aus der Sammlung des Herrn Girgls in Budapest ein alter Kaukasier (**Abbildung 35**) vorgestellt. In diesem wie in dem jüngeren, etwa Mitte des XVIII. Jahrhunderts entstandenen Tep-

Abb. 38. Kaukasischer Teppich aus dem Ausgange des XVIII. Jahrhunderts.

pich (**Abbildung 36**) ist das kennzeichnende der kaukasischen alten Teppiche, große Blumen und Blätter bis aufs äußerste stilisiert, deutlich zum Ausdruck gebracht. Die beiden Teppiche (**Abbildungen 37** und **38**) dürften ebenfalls noch am Ausgange des XVIII. Jahrhunderts entstanden sein. Auffallend sind die rechtwinklig gespreizten Gebilde, welche in dem Mittelfelde (Abb. 37) noch durch Ranken mit den Blumen verbunden sind, in Nr. 38 aber ohne Zusammenhang nur mehr durch Klammern zusammengehalten werden.

Von häufiger vorkommenden Teppichen persischen Charakters, welche auf kleinasiatischem Boden entstanden sind, wären jetzt noch die sogen. Siebenbürger Teppiche zu besprechen. Diese Teppiche, welche nach dem Vorkommen auf Gemälden, etwa vom Beginn des XVII. Jahrhunderts an erzeugt wurden, kamen über Kronstadt in Siebenbürgen aus der Türkei in den Handel und erhielten daher die Bezeichnung. — Gerade an diesem Typus kann man, dank der vergleichsweise zahlreichen Exemplare, die persische Abstammung, das allmähliche Eindringen, das Überwuchern des Lokaltones und schließlich gänzliches Verschwinden der ursprünglichen Anlage studieren. Dieses Schulbeispiel sei daher hier etwas ausführlicher behandelt. In dem Teppiche (**Abbildung 39**) würden die vier Ecken, zum Stern ergänzt, eine ganz hübsche Mittelfigur bilden — jedenfalls ist die Eckenabtrennung eher persisch als anatolisch zu nennen. Die Füllungen des Mittelfeldes und der Ecken gemahnen allerdings mehr an die Gruppe mit dem stark stilisierten, zum Geometrischen neigenden Dekor. Die Neigung zum Stilisieren wird durch die weitmaschige Arbeit dieser Teppichgattung gefördert. — Auch die Füllungen der länglichen Felder zeigen deutlich die Verwandtschaft mit dem häufig vorkommenden persischen Bordürenmotiv einer von zwei Arabesken umschlossenen Blume. Aus etwas späteren Stücken derselben Art fehlen in der Borte die kleineren Sterne, die länglichen Felder stoßen unmittelbar aneinander. Dann verschwindet das Vasenmotiv mit den stilisierten Ranken. An seiner Stelle zeigt sich ein Mittelmedaillon ganz unpersischer Art, begrenzt von Blumen und Blumenkelchen (s. **Abbildung 40**). In den Eckfüllungen erscheinen geometrische Figuren, welche nur schwer als Blumen und Blätter zu erkennen sind. Noch einige Jahre später und die Blümchen in den Längsfeldern der Borte verlieren die Stengel, die Palmetten darin sind höl-

Abb. 39. Ein sogenannter Siebenbürgerteppich mit persischen Motiven.

Abb. 40. Ein sogenannter Siebenbürgerteppich späterer Zeit.

Abb. 41. Ein Kis-Ghiordes-Teppich aus der Zeit von 1800—1870.

zern geworden, ihre Ausläufer enden in Klauen, und um die anatolische Heimat unanzweifelbar zu machen, treten aus den Vorsprüngen der Eckenabtrennungen jene gestielten Nelken in das Mittelfeld herein, welche so häufig an anatolischen Gebetteppichen zu finden sind.

Als Schluß der Reihe sei auf den Kis-Ghiordes unter den Teppichen von 1800—1870 (**Abbildung 41**) verwiesen. Sein Mittelfeld zeigt den Zusammenhang mit den alten Vorfahren — auch sonst sind in dem Stücke noch Spuren guter Tradition — von dem ersten persischen Ahnen ist in diesem Teppiche aber so gut wie nichts mehr zu finden.

Ob den zahlreichen Fragen, welche sich uns aufdrängen, wenn wir vergleichende Studien an alten Teppichen anstellen, jemals befriedigende Antwort werden wird, auf Grund authentischen etwa noch bestehenden Materiales an alten Original-Teppichen oder literarischen Nachweisen, läßt sich nicht vorhersagen. Die Möglichkeit läßt sich nicht bestreiten. Wer jedoch die Zustände im Orient kennt, wird es bezweifeln.

Nochmals sei hier erwähnt, daß mit dieser kurzen Abhandlung nichts anderes beabsichtigt ist, als dem großen Publikum eine ganz oberflächliche Kenntnis dessen, was man heute über alte Teppiche weiß, zu übermitteln.*)

Sind die Brücken zwischen den alten und neueren Stücken auch sehr unsicher und gibt es solcher Übergänge auch nur verhältnismäßig wenige — so ist es doch verlockend, sie zu suchen. Sollte es also diesen Zeilen gelungen sein, einen oder den anderen Leser hierzu zu veranlassen, das Studium alter Teppiche nachdrücklicher zu betreiben, so wäre damit das höchste Ziel des Verfassers erreicht.

---

*) Wer mehr braucht, wird in den wiederholt genannten großen Werken, in dem 1892 bis 1896 erschienenen Wiener Teppichwerk mit seinem Nachtrag (1907 mit einer Skizze der Entwicklungsgeschichte des orientalischen Teppichs von F. Sarre) und in dem neuesten Werke von Martin mehr Belehrung und Anregung zu weiteren Studien finden.

II. ABSCHNITT

ÜBER ORIENTALISCHE TEPPICHE DES XIX. JAHRHUNDERTS UND DER GEGENWART

1. EINLEITUNG

Über die orientalischen Teppiche unserer Zeit und des vergangenen Jahrhunderts zu schreiben ist eine sehr schwierige Aufgabe. Eine seltene Vielseitigkeit müßte der Verfasser besitzen, der den Stoff wirklich erschöpfend behandeln wollte. Er müßte Textiltechniker, Ethnograph, Historiker, Kunsthistoriker, Kenner der jetzigen und älteren Sprachen, Mundarten und Schriften Asiens in einer Person sein. Wäre dieses Wunderkind auffindbar und bereit, sich den Gefahren und Mühen jahrelanger Reisen auszusetzen — dann wäre es noch höchst wünschenswert, die zu bereisenden Länder um 40 oder 50 Jahre in kultureller Beziehung zurückversetzen zu können. Denn übereinstimmende Berichte unbefangener Beurteiler bestätigen die Beobachtungen aufmerksamer Sammler, welche seit langem ein Abgehen der orientalischen Teppicherzeuger von der Tradition feststellten. Noch im 19. Jahrhundert konnten Teppiche nachgewiesen werden, die in einer bestimmten Landschaft nach den bei einem bestimmten Stamme üblichen Mustern aus heimischem Material hergestellt werden, das nach alt überlieferten Methoden gefärbt wurde. Heute haben europäische Firmen und heimische Händler diese alten Überlieferungen und zwar sehr auf Kosten der Güte und Schönheit der Erzeugnisse verwirrt und teilweise sogar unwiederbringlich zerstört. Und gerade jene Gebiete des Orients:

Kleinasien, die kaukasischen Länder und die angrenzenden Distrikte Persiens, deren Erzeugnisse in Österreich, Deutschland und England am häufigsten zu finden sind, unterlagen, als dem europäischen Handel am zugänglichsten, zuerst dem schädlichen Einflusse.

Erbringt also heute der Weg der direkten Forschung an Ort und Stelle kein verläßliches Material, so könnte vielleicht noch durch genaue Beschreibung der Teppiche nach ihren Handelsbezeichnungen Licht in das umfangreiche Gebiet gebracht werden — benennt doch jeder Händler seine Ware mit größter Sicherheit mit seltsam klingenden Landschafts- oder Ortsnamen, wohl auch mit Bezeichnungen der Webeart oder sogar mit Rangtiteln, wie Sultanteppich. Für Teppiche ganz unbekannter Herkunft gilt die Universalbenennung: Exotisch, welche die für den Käufer unangenehme Bedeutung hat, daß das Stück teurer ist.

Schon der Anfänger hat bald herausgefunden, daß die Händlerweisheit nicht weit her ist, denn schon in derselben Stadt wird es kaum zwei Firmen geben, welche für denselben Teppich, falls er nicht den allergewöhnlichsten Typen angehört, dieselbe Bezeichnung haben werden. Und die Begründung der abweichenden Benennung ist bei beiden Kaufleuten dieselbe: „Ich habe einmal einen ganz ähnlichen Teppich gehabt, welcher einem Ballen aus jener Gegend beigepackt war."

Um die große Unsicherheit in den Handelsbezeichnungen zu verstehen, muß man die Bräuche des Handelszweiges etwas näher betrachten. Die gewöhnliche Handelsware war seinerzeit bei seßhafter und nomadisierender Bevölkerung Produkt der Hausindustrie; auch heute noch hat die Teppicherzeugung — mit Ausnahme der Arbeiten aus den indischen Strafhäusern — viel mehr den Charakter der Hausindustrie als den des Fabrikbetriebes, selbst dort wo auf Bestellung und nach Mustern europäischer Häuser gearbeitet wird. Es gibt im Orient begreiflicherweise keine Verkaufsorgane, welche etwa in der Art der Handlungsreisenden die Erzeugnisse einer Firma möglichst weithin anbieten und diese bekannt zu machen suchen. Wo also nicht auf Bestellung gearbeitet wird, ist ein weitläufiger Zwischenhandel im Schwunge.

Unsere mitteleuropäischen Großhändler kaufen nun mit ganz wenigen Ausnahmen nicht selbst an den Erzeugungsstätten ein — einige besorgen den Einkauf in Konstantinopel selbst, andere haben wohl auch ständige Agenten, welche die Hauptstapelplätze des Orients bereisen.

Als solche sind zu bezeichnen Täbris in Persien für afghanische, belutschistanische und persische Erzeugnisse, in Tiflis laufen hauptsächlich kaukasische, turkmenische und ostturkestanische Waren zusammen, für welch letzteres riesige Gebiet wieder Samarkand als Sammelstelle dient — in Smyrna gelangen mit großer Ausschließlichkeit syrische und kleinasiatische Teppiche zum Verkauf und nur Konstantinopel bringt alles auf den Markt, was der Orient an Teppichen bietet. Es liegt nun in der Natur der Sache, daß dem einkaufenden Agenten die Quellen verschwiegen werden, wo derselbe den Zwischenhändler ausschaltend, billiger einkaufen könnte und der Agent wieder hält seinen Auftraggeber möglichst im Dunkel. Es muß übrigens leider festgestellt werden, daß mit sehr wenigen rühmlichen Ausnahmen unter den Teppichverkäufern eine große Gleichgültigkeit gegenüber der Ware besteht und das sachliche Interesse nicht weiter geht als zur Feststellung des Preises erforderlich ist. In Berlin zeigte mir ein Händler einen Teppich, bezeichnete ihn als „Schirwan" und setzte dann mit der dem Berliner eigenen Lehrhaftigkeit und unbedingten Sicherheit hinzu „aus Persien"!

Aus den geschilderten Handelseigentümlichkeiten und wegen der, die Verhältnisse noch mehr verwirrenden Musterverschleppung kann man wohl zur Genüge die große Willkürlichkeit in den Teppichbezeichnungen unserer Kaufleute erklären. Diese Willkür ist soweit vorgeschritten, daß z. B. die seinerzeit in Zeichnung, Färbung und Knüpfung deutlich unterschiedenen Gattungen kaukasischer Teppiche wie Daghestan, Gendje, Schirwan heute bei vielen Händlern nicht mehr sicher unterschieden werden; diese Namen bedeuten ihnen nur Feinheitsabstufungen derselben Art — ja es tauchen Bezeichnungen auf, welche im Oriente selbst unbekannt sind. So erzählte mir der Vorstand eines alten Wiener Hauses lachend, als ich ihn nach den Kennzeichen der sogenannten Kabristanteppiche fragte: „Die kann ich Ihnen nicht angeben! Ich habe vor zwei Jahren selbst keinen gekannt. Nun fragten mehrfach Kunden nach dieser Sorte. Darauf ging ich zu einigen Konkurrenten, ließ mir Kabristan zeigen und bekam Daghestan und ähnliche Stücke zu sehen. Seither habe ich auch Kabristan!" Und J. K. Mumford erzählt in seinem vorzüglichen Werke „Oriental Rugs", daß ihm ein Herr in Batum die Gattung Kabristan als „eine eurer amerikanischen Erfindungen" bezeichnete.

Es wird hier absichtlich dieser Zustände etwas ausführlicher gedacht, weil sie die Begründung für meine Behandlung des vorliegenden Stoffes bieten.

Vor Jahrzehnten wäre es gewiß noch möglich gewesen, die in den Landschaften und Orten, bei den einzelnen Wanderstämmen heimischen Motive festzustellen. Daß es nicht geschah, ist sehr bedauerlich. Nicht vom Standpunkte des Liebhabers eines farbenreichen Zimmerschmuckes allein. Ich bin überzeugt, daß die augenfälligen Ähnlichkeiten mancher Motive in kleinasiatischen und kaukasischen Gebrauchsteppichen einerseits und zentralasiatischen Stücken anderseits des öfteren Fingerzeige für die Stammesverwandtschaften der Völker geboten hätten. Wer die Geschichte Asiens auch nur oberflächlich kennt und weiß, wie asiatische Eroberer ganze Völker aus ihren Wohnsitzen vertrieben und in weit entlegenen Ländern ansiedelten, wie wieder ganze Stämme angeworben wurden oder selbst die Heimat wechselten wenn Krieg oder Hunger drohten, der wird begreifen, welchen Wert für den Forscher solch zäh festgehaltene, von Generation zu Generation gleich gezeichnete Gebrauchsgegenstände haben könnten.

Heute aber, wo im Hinterlande von Smyrna, in Persien (hauptsächlich in Irak), in den englischen Strafanstalten Indiens Teppiche jeder Musterung für europäische Kaufleute angefertigt werden, wo die verbesserten Verbindungen die frühere Isolierung der einzelnen Landschaften aufzuheben beginnen und die enorm gesteigerte Nachfrage einen ehemals unbekannten Wettbewerb einleiteten und die Bodenständigkeit der Muster daher verloren ging, ist eine so weitgehende Feststellung nicht mehr mit Sicherheit möglich — da muß man suchen, das festzuhalten, was heute noch mit einiger Sicherheit bestimmbar ist, und statt

Namengebungen zweifelhaften Wertes weiterzuführen, sich mit einer Einteilung nach geopraphischen Gruppen bescheiden.

Unter der großen Anzahl von Typen älterer Teppiche gibt es immerhin einige, deren Merkmale so ausgesprochen sind, daß sie heute noch und zwar auch von weniger Geübten richtig erkannt werden. Niemand wird einen anatolischen Gebetteppich nach Persien, einen Turkmenenteppich nach Anatolien, einen Kasak nach Persien, oder einen Ferahan nach Zentralasien versetzen. Von solch sicheren Stücken ausgehend, findet der Sammler aber bei einigem Materialreichtum sowohl in der Anordnung der Zeichnung, als auch in Einzelheiten derselben im Mittelfelde oder in den Rändern stets Bindeglieder zu Nachbargruppen — schließlich gelangt man dazu, Gruppenmerkmale aufstellen zu können.

Diese Arbeit dem Liebhaber zu erleichtern, ihn zu derselben anzuregen und damit von den manchmal ganz unbegründeten Handelsbezeichnungen unabhängig zu machen, hat sich dieses Buch zur Aufgabe gestellt.

Sicherlich wäre es richtiger, diese Merkmale in ethnographischer und nicht in geographischer Hinsicht zu ordnen, leider fehlt hierzu noch die Basis in Gestalt einer umfassenden asiatischen Völkerkunde.

So wurde denn für die im Handel am häufigsten vorkommenden asiatischen Teppiche des XIX. Jahrhunderts und der Gegenwart die Einteilung in vier Gruppen vorgenommen:

1. die türkisch-anatolische,
2. die kaukasische,
3. die persische,
4. die zentral-asiatische Gruppe.

Den einzelnen Abbildungen von Teppichen, welche heute noch im Handel erhältlich sind, wurden nur dort bestimmte Heimatsbezeichnungen gegeben, wo ausgeprägte Eigenart der Stücke eine große Übereinstimmung der Handelsbezeichnungen zur Folge hat. Doch auch bei diesen Teppichen wird die Aufmerksamkeit des Lesers hauptsächlich auf die Gruppenmerkmale gelenkt. Bei den andern Abbildungen werden die verschiedenen Handelsbezeichnungen ausdrücklich angeführt.

Beschreibungen nicht abgebildeter Typen sind unterlassen,

da sie dem Leser doch nie ein zutreffendes Bild zu vermitteln imstande sind. Die Teppiche Indiens, Chinas, Japans sowie jene der nördlichen Balkanländer sind hier, als selten im Handel vorkommend, nicht besprochen.

Wer sich aus der Literatur über im Handel erhältliche Teppiche belehren will, findet — nichts! Das einzige wirklich diesem Zwecke dienende Werk ist total vergriffen, es ist der Katalog der Wiener Teppich-Ausstellung des Jahres 1891. In neuester Zeit ist ein Handwörterbuch der Textilkunde von Max Heiden erschienen, welches ziemlich ausführlich über Teppiche spricht, sich im Text jedoch ebenfalls wiederholt eng an den erwähnten Katalog anlehnt. Auch die vorliegende Abhandlung stützt sich auf dieses Quellenwerk, da die eigenen Erfahrungen nur Bestätigungen der Richtigkeit der enthaltenen Angaben erbrachten. Robinson V. J. Eastern carpets, London 82 und Simakoff N., L'Art de l'Asie Centrale, St. Petersburg 83, bringen wertvolle Angaben aus der „guten, alten" Teppichzeit des Orientes; beide Werke sind jedoch im Buchhandel vergriffen — ebenso eine erst 1901 in Chicago erschienene Publikation: „Holt Rosa: Rugs Oriental and Occidental antique and modern". Die anderen Publikationen sind teils Beschreibungen einzelner berühmter Teppiche, teils sind es Aufzählungen und Beschreibungen alter Teppiche im Besitze von Museen, Herrscherhäusern und reicher Privatleute. Hierher gehört das Prachtwerk des österreichischen Handelsmuseums: „Orientalische Teppiche".

Dieses Werk ist heute nur noch antiquarisch erhältlich — der Preis ist jedoch derart, daß Privatleute meist vorziehen werden, diese Summe in mehreren, sehr schönen Teppichen anzulegen — zudem bringt es fast ausschließlich Abbildungen alter Teppiche. Der sehr instruktive Text ist in einem kleinen Buche ohne Textabbildungen: „Teppicherzeugung im Oriente" erschienen, welches ebenfalls im Buchhandel nicht mehr zu haben ist.

Geheimrat Bode in Berlin hat in einem Buche: Vorderasiatische Knüpfteppiche, Leipzig und Berlin 1904, eine Anzahl alter Teppiche abgebildet und beschrieben. Hauptsächlich solche Stücke werden von ihm behandelt, deren Altersbestimmung durch

Abbildungen auf Gemälden alter Meister annähernd ermöglicht wird.

Ein sehr lehrreiches Buch ist jenes des allzufrüh dahingeschiedenen Prof. Alois Riegl: Altorientalische Teppiche, Wien 1891. Aus Riegl, welcher der Fachmann in Sachen der orientalischen Knüpftechnik war, lernt man diesbezüglich am meisten.*)

Im allgemeinen muß man jedoch sagen, daß für Beschreibungen und Abbildungen alter Teppiche wohl nur ein verschwindend kleiner Teil des Publikums Interesse hat. Alte Teppiche sind heute nur äußerst selten käuflich zu erwerben, dann aber zu hohen Preisen, daß sie nur Museen und Geldfürsten zugänglich sind.

Außerdem gibt es der Motive, welche unverändert sowohl in den alten Stücken, als auch in den Erzeugnissen des XIX. Jahrhunderts zu finden sind, nur sehr wenige.

Es ist keine bequeme, breite Brücke, welche von der kunsthistorischen Vergangenheit der asiatischen Völker zur Gegenwart führt — nein, kaum ein schwanker Steg, den zu finden der Suchende eines umfassenden und vielseitigen Wissens bedarf. Man entnimmt also dem Studium alter Teppiche nur sehr wenig von dem, was man beim Teppichverkäufer brauchen kann.

Am meisten lernt man durch häufige Besichtigung von Teppichen bei Händlern. Die Berliner königl. Museen, das Victoria- und Albert-Museum in London, das National-Museum in München, das Leipziger Kunstgewerbe-Museum besitzen schöne Teppiche, jedoch natürlicherweise überwiegend alte Stücke. Sehr gute Stücke besitzen die Museen in Paris, Lyon, Mailand (Poldi Pezzoli). Auch in Österreich und in Baiern sind Prachtstücke erhalten, wie die berühmten des Kaiserhauses, und der kürzlich in der Münchener Residenz gefundenen Stücke. Neben einigen berühmten alten Teppichen besaß das Wiener Handelsmuseum, welches einst hinsichtlich der Teppichforschung und Teppichindustrie führend voranschritt, eine reiche und instruktive Sammlung alter Teppiche. Doch in den Räumen des österreichischen Museums für Kunst und Industrie, wo diese Sammlung gegenwärtig untergebracht ist, war bisher kein Platz vorhanden.

*) Die neueren wichtigen Publikationen von Friedrich Sarre und Martin sind nach dem Tode des Verfassers erschienen.

2. DIE HERSTELLUNG ORIENTALISCHER TEPPICHE

A) WEBART UND KNÜPFUNG

Man kann im Orient nach der Art der Erzeugung zwei Hauptgattungen von Teppichen unterscheiden. Glatte Teppiche, deren Musterung durch Webarbeit erzeugt wird und welche Kilim genannt werden und die plüschartigen Teppiche, deren Zeichnung durch Einknüpfen von Fäden verschiedenen Materiales in ein Grundgewebe hergestellt wird.

Die auf beiden Seiten gleichen Kilim werden nach dem Ort und der Provinz Karaman im südlichen Kleinasien Karamani genannt. Solche Gewebe werden jedoch durchaus nicht nur in Karaman erzeugt. Um die mehrfach gezwirnten Kettenfäden wird der gefärbte Schußfaden abwechselnd vorn und rückwärts durchgeflochten. An dem Kettenfaden, an dem die betreffende Farbe enden soll, geht der beispielsweise von links nach rechts eingeführte Schußfaden knapp über der früheren Lage abwechselnd rückwärts und vorne wieder von rechts nach links zurück. Für die angrenzende Farbe wiederholt sich der Vorgang vom Nachbarkettenfaden an. Es gehen bei diesen Geweben also die farbigen Fäden nicht über die ganze Breite des Gewebes, sondern es befindet sich an den Stellen, an welchen verschiedene Farben zusammentreffen, zwischen den Kettenfäden eine Schalte. Letzteren Mangel dieser allerprimitivsten Weberei, welche man Wirkerei zu nennen pflegt, verstehen jedoch die Erzeuger dieser Teppiche in Karaman und Kurdistan bei besonders feinen Stücken durch geschickte Musterung dahin auszunützen, daß sie dem Gewebe den Charakter einer durchbrochenen Arbeit zu geben verstehen.

Eine zweite Art Kilim heißt Sumak nach der hebräischen Bezeichnung des Hauptortes der kaukasischen Provinz Schirwan. Bei diesen Geweben wird die Musterung ebenfalls dadurch erzeugt, daß die verschieden gefärbten Einschlagfäden nicht über die ganze Breite des Gewebes geführt werden. Es wird der Einschlagfaden hier aber nicht um die Kettenfäden wie in der Wirktechnik zurückgeführt, sondern er wird abgerissen und hängt in kurzen Büscheln an dem Gewebe, welches infolge dieser Herstellung nur auf einer Seite die Musterung und eine glatte Oberfläche, auf der Rückseite dagegen eine flockige, mehrfarbige Ansicht aufweist.

Viel verbreiteter und in der Musterung und anderen Qualitäten viel abwechslungsreicher ist die letzte Gattung: die der Knüpfteppiche.

Die Knüpfteppiche werden auf sehr einfachen, meist stehenden Webstühlen hergestellt (s. **Abbildung 42**). Die Kettenfäden, welche dem Teppiche die Länge geben, sind zwischen zwei starken hölzernen wagerecht liegenden Stangen befestigt, welche entweder durch zwei lotrechte Hölzer in ihrer Lage festgehalten eine Art Rahmen bilden, oder sonst in irgend einer Art an der Decke aufgehängt, beziehungsweise am Fußboden befestigt erscheinen. — Zuweilen ist die Einrichtung getroffen, daß die untere Stange durch Keile behufs Spannung der Kettenfäden in den seitlichen Hölzern angezogen werden kann, andernorts trachtet man die erforderliche Straffheit der Kettenfäden dadurch zu erzielen,

Abb. 42. Beim Teppichknüpfen.

daß man die gespannte Kette noch durch mehrere runde Hölzer abwechselnd nach vorne und rückwärts preßt. — Ein durch die Kettenfäden gezogener Stab dient zur Bildung des „Faches", d. h. er trennt die Kettenfäden in zwei Systeme in der Art, daß der 1., 3., 5., . . . Faden nach rückwärts, der 2., 4., 6., . . . nach vorne gedrängt wird. Das Muster wird mit Wollfäden, welche nach Farben getrennt in Knäulen bequem zur Hand hängen, in folgender Art eingeknüpft.

Der rückwärtige Faden wird bis zum vorne liegenden Nachbarfaden vorgezogen, beide Fäden mit einer Hand gehalten, dann der farbige Wollfaden nach einer der üblichen Arten eingeknüpft, festgezogen hierauf der Knüpffaden, der beabsichtigten Höhe des Vließes entsprechend abgeschnitten oder abgerissen.

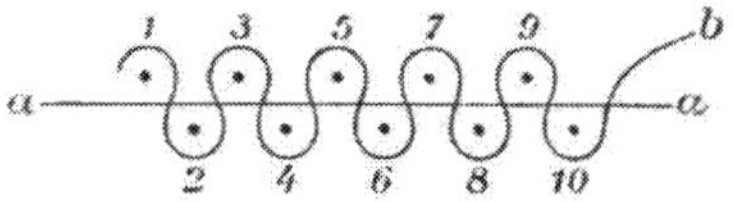

Abb. 43. Kettenfäden.

Die Kettenfäden 1, 2, 3—8 im Schnitt, die Einschlag- oder Schußfäden in Ansicht gezeichnet.

Da der nach vorne genommene Kettenfaden in seine frühere Lage zurück zu gelangen trachtet, bewirkt er ein noch festeres Umschlingen des Knüpffadens um die Kettenfäden. — Nach einer Anzahl Knüpfungen werden dieselben mittels eines ziemlich schweren Kammes aus Holz oder Eisen gegen den bereits fertiggestellten Teil des Teppichs niedergeklopft.

Wenn dieses paarweise Zusammenknüpfen der Kettenfäden über die ganze Breite des Teppichs durchgeführt ist, wird durch das „Fach" zwischen geraden und ungeraden Kettenfäden, ein Schußfaden a) straff durchgezogen, mit dem Kamm fest gegen die soeben fertiggestellte Knüpfreihe geschlagen und hierauf ein zweiter Schußfaden b) durch die Kette durchgeschlungen, welcher jedoch nicht zwischen den geteilten Systemen durchläuft, sondern immer den rückwärtigen Kettenfaden rückwärts, den vordern vorne umfaßt, wie es die Skizze (**Abbildung 43**) ersichtlich macht. Dieses Einziehen der Schußfäden erfordert große Vorsicht und Übung, denn ungleichmäßiges Spannen derselben ist Ursache der „Blasen" und „Falten", welche sich so häufig an Teppichen zeigen.

Um dem Weiterschreiten der Arbeit von unten nach oben folgen zu können, stehen seitlich des Teppichs Leitern, zwischen deren Sprossen ein Brett als Sitz für die Arbeiter eingeschoben wird. —

Außer diesem einfachsten beschriebenen stehenden Teppich-Web- und Knüpfstuhl sind auch etwas kunstvollere Vorrichtungen vorhanden. So bestehen in den Häusern der seßhaften

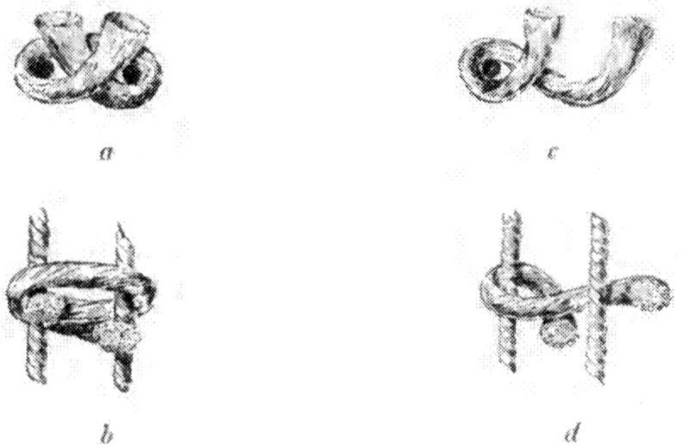

Abb. 44.

a Ghiordesknüpfung von vorn, *c* Senneknüpfung von vorn,
b „ im Durchschnitt, *d* „ im Durchschnitt.

Bevölkerung vielfach Webstühle, bei welchen dies nach vorne zu bewegende rückwärtige Kettensystem durch Litzen, welche an einem Stabe befestigt sind, betätigt werden kann, wodurch das jedesmalige Suchen und Ergreifen der Fäden „von Hand" erspart wird.

Bei großen Stücken, an welchen auch mehrere Personen gleichzeitig knüpfen, wird der Teppich bei Vorschreiten der Arbeit entweder ganz neu aufgespannt, oder es ist die Einrichtung getroffen, daß das untere Holz, der „Zeugbaum", zum Aufrollen des fertigen Teiles verwendet werden kann.

Ist der Teppich fertig, wird er am Zeugbaum und „Kettenbaum" (oben) abgeschnitten. — Wo Fransen an den Schmalenden bleiben sollen, werden die Kettenfäden in entsprechender Länge belassen. Das mehr oder minder kunstvolle Verknüpfen derselben hat auch den Zweck, das Lostrennen und Ausreißen einzelner Fäden zu erschweren.

Das Einknüpfen der farbigen, das Muster bildenden Wollfäden geschieht auf verschiedene Art. Wohl gibt es Knüpfungen, wobei nur immer ein Kettenfaden und auch solche, bei welchen vier Fäden der Kette von einer Knüpfung umschlungen werden — weitaus überwiegend aber werden die Kettenfäden zu zwei und zwei durch je einen Knüpfungsfaden verbunden. Hierbei unterscheidet man zwei Knüpfungsarten.

Bei der sogenannten Ghiordesbindung (s. **Abbildung 44a b**) wird der Knüpffaden über beide Kettenfäden gelegt, die Enden des ersteren dann hinter die Kette gedrückt und schließlich zwischen den Kettenflächen wieder nach vorne gezogen.

Die Senne-Knüpfung (s. **Abbildung 44c d**) dagegen umfaßt nur einen Kettenfaden ganz, den Nachbarfaden nur von unten.

Aus diesen Skizzen geht hervor, daß der Unterschied beider Knüpfungsarten auf der plüschartigen Vorderseite, nicht auf der Rückseite des Teppichs zum Ausdrucke kommt. Denn während bei der Ghiordesknüpfung immer zwei Fadenenden zwischen zwei Kettenfäden hervorsehen, diese also auch auf der Vorderseite immer paarweise zusammengenommen erscheinen, steht bei der Senneknüpfung über die ganze Breite des Teppichs zwischen zwei Kettenfäden immer je ein Fadenende hervor. Beim Zusammenfalten eines Teppichs nach der Länge wird ein Teppich mit Ghiordesknüpfung beim Vergleich mit der Rückseite scheinbar viel gröber geknüpft erscheinen, weil die Wollenden sich immer nach einer doppelten Kettenfadenreihe trennen, während sich die Plüschfläche des Senneteppichs nach jedem einzelnen Kettenfaden teilt.

Eine dritte, insbesondere bei den zentralasiatischen Turkmenenteppichen zu findende Knüpfungsart ist in **Abbildung 45** zur Darstellung gebracht, eine Florart, bei der jede Knüpfung an je vier Kettenfäden befestigt ist.

Wie so manche Ansicht über orientalische Teppiche entbehrt auch die heute im Handel ziemlich allgemein verbreitete Meinung, daß die Senneknüpfung feinere und bessere Arbeit ermögliche, ebenso der tatsächlichen Begründung wie die Bezeichnung: Senne- und Ghiordesknüpfung selbst, welche ganz willkürlich gewählt erscheint. — Zum Beweise diene, daß in der Wiener Teppichausstellung des Jahres 1891 das feinstgeknüpfte Stück ein Senneteppich von 720 000 Ghiordesknüpfungen war. Es läßt sich auch begreifen, daß dünne Baumwollfäden als Kette, ebensolche als Einschlag und eine sehr feine Schafwolle als Knüpfmaterial verwendet, von größerem Einfluß auf die Dichte des Teppichs sein müssen, als die Art der Umschlingungen der Knüpffäden.

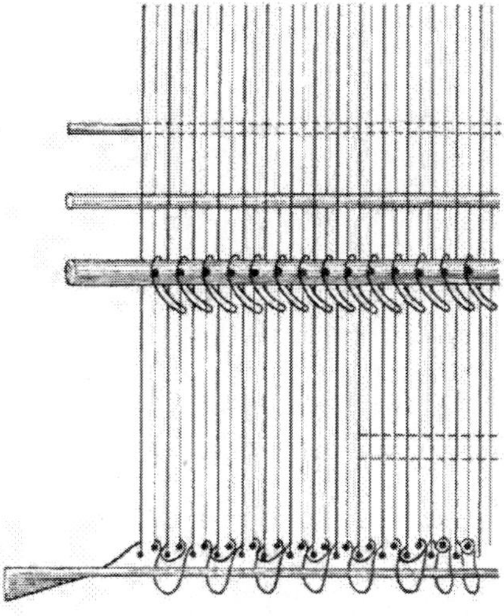

Abb. 45. Eine Knüpfungsart, bei der jede Knüpfung an je vier Kettenfäden befestigt ist.

B) MATERIAL

Bezüglich des Materials, aus welchem die Teppiche im Orient erzeugt werden, kann man sagen, daß nahezu jeglicher zu Textilzwecken verwendbarer Rohstoff zur Teppicherzeugung herangezogen wird.

So findet man insbesondere bei den alten Nomadenteppichen des Kaukasus und Kleinasiens den ganzen Teppich, also Kette, Einschlag und Knüpfung aus Schafwolle hergestellt, in persischen und zentralasiatischen Teppichen wird zu Kette und Einschlag Baumwolle genommen, die Knüpfung besteht aus Schafwolle, der Schuß aus Baumwolle. In seltenen Fällen wird die Kette aus Seide hergestellt. Außer diesen häufigsten Materialien wird aber auch Kamelhaar und Ziegenhaar verwendet und zwar gezwirnt sowohl als Kette und Einschlag, als auch als Knüpfmaterial.

Seide als ausschließliches Knüpfmaterial ist, bei alten wie

neuen Teppichen ein seltenes Material und stempelt den Teppich zum kostbaren Prachtstück.

Heute werden in der Türkei und in Anatolien Seidenteppiche von sehr lockerer Knüpfung aus grellen Farben und schlechter Zeichnung hergestellt, welche im Werte tief unter guten alten Wollteppichen stehen.

C) FORMAT

Man kann schon aus dem Format des Teppichs gewisse Schlüsse über dessen Erzeugung ziehen. — Sehr große Teppiche sind bestimmt nur von seßhaften Leuten, nicht von Nomaden hergestellt — dagegen gehören Ungleichmäßigkeiten, in der Form schmälere Stellen, Falten usw. zu den häufigsten Begleiterscheinungen des Arbeitens beim Wandern. Ein Teppich, der mehrmals ab- und aufgespannt wird, an dem vielleicht wochenlang gar nicht gearbeitet wurde, wie es bei nomadisierenden Stämmen unvermeidlich ist, kann unmöglich so gleichmäßig in seinem Gefüge sein, wie ein Gewebe, an welchem Tag für Tag dieselben geübten Hände weiter schaffen.

Der ganze Raum eines Zeltes, einer Jurte, bestimmt die Abmessungen des Nomadenteppichs. Der Wohnraum bietet keinen Platz für einen hohen und breiten Rahmen. Außerdem ist kein Bedarf für einen großen gewichtigen, daher schwer weiter zu schaffenden Teppich vorhanden und die Nomadenteppiche wurden sicher bis in die neueste Zeit hinein nur für den eigenen Bedarf hergestellt. — So sehen wir die Masse der Nomadenteppiche nur wenig schwanken. Sie sind bei Breiten von 1,2 bis 1,7 m selten länger als das zweieinhalbfache bis dreifache der genannten Abmessungen beträgt.

Doch auch die Teppiche der seßhaften Perser hatten, solange nur der eigene Bedarf in Frage kam, gewisse den dortigen Wohnungsverhältnissen angepaßte Abmessungen. — Die Gemächer der persischen Häuser sind aus Herstellungsgründen zumeist lang gestreckt gebaut. In diesen Räumen war folgende Einteilung des Fußbodenbelages (s. **Abbildung 46**) üblich:

I ist das Renommierstück, es wird von den andern drei Teppichen an den Kanten überdeckt und dadurch geschont, daß beim Durchschreiten des Gemaches hauptsächlich die beiden Läufer II und III benutzt werden. Der Teppich IV wird am meisten in Anspruch genommen. Hier sitzen Hausleute und Gäste.

Diesem Brauche entsprechend besaßen auch die alten persischen Teppiche vorwiegend längliches Format.

Mit der wachsenden europäischen Nachfrage, insbesondere, seitdem Europäer in Persien und Kleinasien durch einheimische Arbeiter Teppiche herstellen ließen und diesen die Muster lieferten, wurden natürlich auch Formate hergestellt, welche den europäischen Bedürfnissen Rechnung trugen, und heute kann man auf Bestellung Teppiche beliebiger Verhältnisse erhalten.

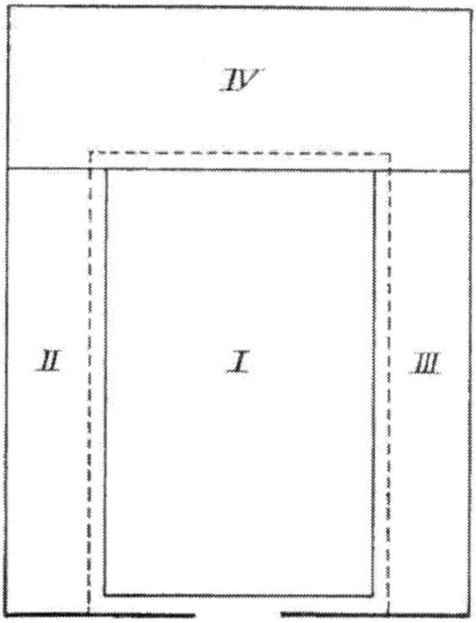

Abb. 46. Der Fußbodenbelag in einem persischen Hause.

D) FÄRBUNG

Die größte werbende Kraft der orientalischen Teppiche liegt vielleicht in dem Reiz ihrer Farben. Welch unglaublicher Reichtum an Farben und Farbenzusammenstellungen ist in den orientalischen Teppichen zu finden! Vom dunklen Belutschistan, dessen düsterer Charakter noch augenfälliger durch die eingestreuten weißen Stellen wird, bis zum hellen, zumeist gelb, blau und braun gefärbten Kulateppich sind alle Farben zu finden, mit welchen der Himmel die Wiesen schmückt, und wie die Blumen der Felder durch die Lebhaftigkeit der Farben unser Auge entzücken, trotzdem blau, gelb, rot, weiß und grün wahllos nebeneinander stehen, so wirkt auch die Vielfarbigkeit der orientalischen alten Teppiche nie unruhig, trotz oft vorkommender lebhafter Kontraste.

Man hat versucht, diese Erscheinung durch ein instinktives Erkennen komplementärer Farben, welches den orientalischen Naturvölkern eigen sein solle, zu erklären. Es dürften aber die Gründe wohl anderwärts zu finden sein.

Erstens findet man Farbengegensätze selten ganz unmittelbar nebeneinander, sondern zumeist durch eine neutrale schwarze oder dunkelbraune Umgrenzung geschieden, oder aber auch in einen weißen oder naturwollfarbigen Grund gelegt.

Zweitens sind die Farben alter orientalischer Teppiche wohl lebhaft, aber nie grell, nie schreiend — sie schlagen sich daher auch nicht, selbst wenn sie dicht nebeneinander gebracht werden. — Sicherlich hat in dieser harmonischen Wirkung auch der allmählich bleichende Einfluß des Sonnenlichtes seinen Anteil. Die Farben eines fünfzig Jahre alten Teppiches mögen in dem neuen Stücke wohl auch feuriger, vielleicht weniger ruhig gewirkt haben, es ist jedoch eine jeden Augenblick an zweifellos sehr alten, datierten Teppichen nachweisbare Tatsache, daß gerade die einfachen Hauptfarben Rot, Gelb und Blau am allerwenigsten verblassen und nur die durch Mischungen erzielten Halbtöne auch in alten Teppichen eine ausgesprochene Veränderung unter dem Einflusse von Sonnenlicht und Staub erfahren. Es geht aber nicht an, die freundliche Wirkung der lebhaft gefärbten alten, orientalischen Teppiche der Hauptsache nach dem mildernden Einflusse der Jahre zuzuschreiben.

Die Berichte aller Reisenden und Kaufleute stimmen darin überein, daß seinerzeit und an vielen Orten des Orients auch noch heute nahezu ausschließlich mit organischen Farbstoffen gefärbt wurde. Obzwar die Färberezepte sehr geheim gehalten werden und unbedingt verläßliche Angaben über den Vorgang beim Färben der Wolle, welche zum Einknüpfen der Muster benützt werden soll, fehlen, so steht es doch fest, daß die Farbstoffe für Rot, Gelb und Blau ausschließlich organischen Substanzen entstammen, und zwar, mit Ausnahme der aus Mexiko eingeführten Cochenille-Schildlaus, nur aus Pflanzen, welche in Asien heimisch sind. Für die Darstellung der edelsten Art des Rot wurde in alter Zeit die Kermesschildlaus, für Gelb entweder der echte Safran (welcher mit Gold aufgewogen wurde), für Rotgelb der wilde Safran, für Blau Indigo verwendet.

Tiefes Schwarz kommt in alten Teppichen kaum jemals vor, es ist zumeist nur ein sehr dunkles Braun, welches als Schwarz gelten soll. Dieser Farbton wird gewöhnlich durch Gallussäure oder schwefelsaure Eisenoxyde hervorgebracht.

Weiß wird durch Bleichen der Wolle erzielt, in alten Stücken, insbesondere in den Nomadenteppichen, sieht man jedoch, daß man der Wolle nicht viel von ihrer natürlichen Farbe genommen hat.

Sicherlich wird von seiten europäischer Fabrikanten mit vollem Rechte behauptet, daß die Färberei hierzulande dem orientalischen primitiven Arbeitsverfahren weit überlegen ist. Tatsächlich findet man selten Teppiche ohne Schattierungen und Ungleichmäßigkeiten der Farben, sogar in kleinen Stücken. Die Erklärung für diese Erscheinung liegt in der primitiven Herstellung der Färbemittel, welche viel zu ungenau ist, um bei zwei Färbungsprozessen genau dasselbe Resultat herbeizuführen. Bei nomadisierenden Stämmen verbietet sich die Herstellung und Mitführung größerer Vorräte von selbst, so ist es nicht zu vermeiden, daß an dem begonnenen Stücke auf einem neuen Lagerplatze in anderen Farbtönen weiter gearbeitet wird. Diese streifenweisen Farbunterschiede sind also keineswegs Absicht, sie sind aber mit der ganzen Erzeugungsweise untrennbar verbunden.

Was in einem modernen europäischen Teppich, welcher auf dem neuesten Präzisions-Web- und Knüpfstuhle gearbeitet ist, höchst störend wirken würde, wird an dem Produkte naiven Schaffens zum Reize — wie man etwa heute an den winkeligen Gassen, den Erkern und Dächern einer alten Stadt seine helle Freude haben kann, während die geringste Unregelmäßigkeit, wie etwa die schief gestellte Front eines Neubaues in einer Reihe neuer Häuser im höchsten Grade störend auf unser Auge wirkt.

Leider sind die eingangs besonders hervorgehobenen Vorzüge der Farbengebung bei orientalischen Teppichen, insbesondere bei kleinasiatischen und kaukasischen Erzeugnissen, heute lange nicht mehr in demselben Ausmaße vorhanden, wie in früheren Zeiten. Die Farben sind schreiend-grell geworden und viele unter ihnen sind weder wasch- noch lichtecht.

Die Qualitätsverschlechterung ist die einschneidendste all der wertmindernden Folgeerscheinungen europäischer Beeinflussung der orientalischen Teppicherzeugung — ihr Beginn läßt sich annähernd genau in die Jahre 1865 bis 1870 setzen, um welche Zeit die 1859 erfundenen Anilinfarben im Oriente Verbreitung zu finden begannen. Das brillante Feuer der Anilinfarben, ihre leichte Mischbarkeit, ihre Ausgiebigkeit und daher Billigkeit bestach die Orientalen begreiflicherweise ebenso wie die westlichen Tuch- und Seidenfärber. Diese prächtigen Farben sind jedoch leider nicht beständig — naß geworden verfließen sie und unter dem Einfluß des Sonnenlichtes bleichen sie rasch bis zur vollständigen Änderung der Farbe ab. — Es ist seither gelungen, diese anfänglich äußerst störend wirkenden Übelstände, wenn auch nicht ganz zu beseitigen, so doch abzuschwächen.

Im Orient aber, wo man weder die feinen Meß- und Wägevorrichtungen hat, noch gewöhnt ist, so genau zu arbeiten, zeitigt das Färben mit Anilinfarben so schlechte Früchte, daß Kennern und Liebhabern das Vorkommen von Anilinfarben in orientalischen Teppichen genügt, um dieselben als neu und minderwertig zurückzuweisen.

Eine Verallgemeinerung dieses Standpunktes könnte vielleicht zur Besserung der Verhältnisse insofern beitragen, als eine Preisdrückung unecht farbiger Ware auf den europäischen und amerikanischen Märkten eine Einschränkung der Verwendung von Anilinfarben im Oriente zur Folge haben würde.

Es mag an dieser Stelle wiederholt sein, daß, wenn in diesem Abschnitt von alten Teppichen gesprochen wird, denselben eine Entstehung vor 1870 zugeschrieben wird. Selbstredend ist diese Jahreszahl nur eine annähernd genaue Bezeichnung des Zeitpunktes, in welchem durch das Eindringen des Anilins und europäischer Handelseinflüsse mit dem alten Herkommen mehr und mehr gebrochen wird.

Wohl erkannte man auch in Asien bald genug, wie sehr die Nachteile des neuen Farbmateriales dessen Vorteile überwogen und wandte sich den alten bewährten, von Generation zu Generation vererbten Verfahren wieder zu. In Persien erschien 1900 sogar ein Einfuhrverbot auf Anilinfarben in fester oder flüssiger Form — trotzdem finden diese Farbstoffe immer noch reichlich Anwendung — hauptsächlich wegen des leicht durchzuführenden Färbeganges.

Wo aber auf Kosten der Beständigkeit des schnellen Arbeitens halber bei der Färbung gesündigt wird, ist man auch bei der Herstellung des Gewebes und der Knüpfung zumeist nicht sorgfältig, so daß die Echtheit der Farben auch mit Rücksicht auf die Qualität des ganzen Stückes als Prüfstein gelten darf.

Ein grelles Orangegelb, wie es in neuen Sumaks vorkommt, dann Krapp und Schokoladefarbe in den südkaukasischen, ein feuriges Ziegelrot in turkmenischen Teppichen ist stets verdächtig. Bei einiger Übung wird man bald dahin kommen, die gefährlichen Farbtöne eines Teppichs herauszufinden und diese dann bezüglich ihrer Echtheit richtig beurteilen, so daß man ohne böse Erfahrungen zu machen, seine Teppiche den Regen- oder Bachbädern aussetzen wird, welche ihnen so zuträglich sind.

In gewissen Landschaften hat man für Herstellung besonderer Farbentöne ganz spezielles Geschick. Die Färbung wird für die betreffende Gattung zum Merkmale und ist als solches in vorliegendem Buche dann auch angeführt. Das wichtigste Unterscheidungsmittel bleibt aber unbedingt die Zeichnung.

E) ZEICHNUNG

Wenn auch zur Bestimmung eines Teppichs die Zeichnung allein nicht in allen Fällen genügt, sondern Material, Webart und Farbe hierzu mit herangezogen werden müssen, so ist die Zeichnung doch für alte Teppiche, also aus den Zeiten vor der europäischen Musterverschleppung, das Hauptmerkmal zu nennen. Es soll ausdrücklich hervorgehoben werden, daß auch Teppichhändler, durch deren Hände Tausende von Exemplaren gegangen sind, nicht in der Lage sein werden, jedem Stück mit stichhaltigem Grunde die Heimat zuzuschreiben. Dem steht die ungeheuere Ausdehnung des Erzeugungsgebietes und die Mannigfaltigkeit der Muster entgegen.

Vorerst sei darauf hingewiesen, daß bei jedem Teppiche die klar, rein hervortretende Zeichnung ein Vorzug, verschwommene, verwischte Konturen ein Mangel genannt werden muß. Wir finden die Reinheit der Zeichnung unabhängig von der Stärke der eingeknüpften Fäden, unabhängig von den Gegensätzen der Farben, unabhängig von der Art des Musters als Folge genauer, gleichmäßiger Knüpfarbeit, straffer Einbringung der Schußfäden und festen Anpressens der eingeknüpften Wolle an dem bereits fertiggestellten Teil des Teppichs. Eine klare Zeichnung ist daher gleichzeitig ein Kennzeichen für die Sorgfalt, Güte und Dauerhaftigkeit der Arbeit.

Hinsichtlich der Genauigkeit, regelmäßigen Wiederkehr gleichartiger Motive, sowie bezüglich der Symmetrie zeigt die Teppichindustrie des Orientes keine große Strenge. In den berühmten alten Luxusarbeiten Persiens (etwa 1550—1650 entstanden) kann man zwar auch nach dieser Richtung hin die Sorgfalt und Genauigkeit der Handarbeit bewundern. Auch an alten und neuen Erzeugnissen der seßhaften Bevölkerung ist in mehreren Mustern das Bestreben nach Regelmäßigkeit der Zeichnung deutlich wahrnehmbar, wie in solchen Teppichen auch der Linienführung sowohl in den Ecken des Mittelfeldes als auch in der Borte eine gewisse Sorgfalt zugewendet wird.

Anders bei den von Nomaden erzeugten Teppichen. — Ist schon im Mittelfelde bei vielen Nomadenteppichen keine Symmetrieachse auffindbar, so ist eine symmetrische Anordnung der Ornamente in den Borten beinahe Ausnahme zu nennen. In einer Reihe gleichartiger oder ähnlicher Figuren sind manchmal ganz anders gestaltete Zeichnungen eingeschaltet, ohne daß diese Ungleichartigkeit auch auf der andern Seite zu finden wäre.

Auch die Ecklösungen verursachen den nomadisierenden Teppicherzeugern kein Kopfzerbrechen. Am Teppichanfange werden die ersten Figuren der Längsborte wohl zumeist an der Figurenreihe der Schmalseite neu begonnen, am Teppichende dagegen durchschneidet man die Figuren der Längsborte durch die Endborte ganz ohne Rücksicht auf die einzelnen Motive, wenn die Zeichnung des Mittelfeldes zum Abschluß drängt. Die Willkür des Abbruches gibt öfters über Anfang und Ende der Arbeit Aufschluß.

Es soll an dieser Stelle auch auf die anderen Unterschiede zwischen den Teppichen seßhafter und nomadisierender Bevölkerungen hingewiesen werden. Erstens werden Nomadenteppiche gewöhnlich nur in kleinen Formaten, entsprechend den beschränkteren Räumlichkeiten der Zelte und Jurten hergestellt. Doch gilt dies durchaus nicht ausnahmslos. Die kaukasischen und kleinasiatischen Nomaden erzeugen allerdings nahezu nur Teppiche in kleineren, hauptsächlich schmalen Dimensionen, dagegen werden von den Turkmenen Zentralasiens in Bocchara und in Afghan insbesondere seit die russische Herrschaft den kriegerischen Geist der Hirtenvölker West-Turkestans etwas abgekühlt und diese zu ruhiger Beschäftigung gezwungen hat, auch Teppiche von zwei und drei Metern und noch größeren Abmessungen hergestellt, welche an Feinheit der Knüpfung, Feuer der Farbe und insbesondere mustergültig gleichmäßiger Länge der Knüpffäden mit den besten Erzeugnissen Persiens in die Schranken treten. — Da anderseits die wegen der außerordentlichen Feinheit der Knüpfung berühmtesten Perserteppiche aus der Landschaft Kurdistan eben wegen der mühsamen, kostspieligen Arbeit selten in sehr großen Dimensionen hergestellt werden, ist dieser Unterschied durchaus kein sicheres Erkennungszeichen zu nennen.

Abb. 47. Kaukasischer Teppich mit dem hackenbesetzten Stufenpolygon.

Viel kennzeichnender ist die Verwendung der Muster. In den eigentlichen Perserteppichen herrschen pflanzliche Motive vor seit alten Zeiten: Blumen, Knospen und entfaltete Blüten verbunden durch rankende Zweige — in den berühmten alten Luxuswerken in prachtvoll kühn geschwungener Linienführung und zu einer oder meist sogar zwei aufeinander senkrechten Achsen symmetrisch angeordnet. In den jüngeren Arbeiten wird das Rankenwerk immer ärmlicher, verschwindet auch wohl ganz, läßt sich aber meist mühelos zwischen den regelmäßig angeordneten Blumen als rankenförmig gemusterter Grund erkennen.

Die Zeichnungselemente des Nomadenteppichs dagegen sind überwiegend geometrischer Natur und sind — die Rankenverbindung ausschließend — über die zu schmückende Fläche regellos verstreut. Die größeren Figuren stehen ohne Zusammenhang nebeneinander oder sind geradlinig verbunden, größere freie Flecken mit allerlei kleinen Motiven, Pfeilen, steif stilisierten Tieren, S-Figuren usw., aber ebenfalls ganz zusammenhanglos ausgefüllt.

Da diese Unterschiede sehr scharf ausgeprägt sind und die arischen Perser hauptsächlich die pflanzlichen, gerundeten Motive, die mongolisch-turkmenischen Stämme Inner- und Vorderasiens dagegen die geometrischen Figuren in ihren Teppichen anbringen, wurde vor Zeiten die Parole ausgegeben: das pflanzliche Element sei den arischen seßhaften Völkern eigen, das geometrische den mongolischen Wanderstämmen. Derart einfach liegen die Verhältnisse jedoch nicht. Erstens sind auch bei unanzweifelbar alten, guten Stücken (von neueren Erzeugnissen gar nicht zu sprechen) geometrische und gerundete, botanische Motive durchaus nicht immer so reinlich getrennt. Es gibt schöne alte kaukasische Teppiche mit dem uralten hackenbesetzten Stufenpolygon (s. **Motivblatt II Fig. 4**) ganz in der ursprünglichsten Anordnung der **Abbildung 47**, in welchen jedoch einzelne Felder mit dem häufigsten, ebenfalls sicher sehr alten, kennzeichnend persisch-indischen „Palmwipfeln“ (s. **Motivblatt VII Fig. 8, 13, 14**) gefüllt sind. Umgekehrt erscheinen bei alten Senneteppichen (**Abb. 48**) Eckfüllungen des Innenfeldes mit primitiv gezeichneten kleinen Tieren, ebenso behandelt und ebenso zusammenhanglos zur Raumfüllung benützt, wie bei kaukasischen Nomadenteppichen —

im Heratmuster, welches sicher zu den alten Zeichnungen seßhafter Bevölkerung zu zählen ist.

Zweitens sind durchaus nicht alle nomadisierenden Stämme

Abb. 48. Ein alter Senneteppich.

Persiens mongolisch-turkmenischer, einige sind rein arischer Abstammung.

Immerhin erscheinen abgerundete pflanzliche Motive in Nomadenteppichen und eckig-geometrische Figuren in Teppichen seßhafter Bevölkerung ziemlich selten und auch dort dann entweder in der Behandlung als fremdes Element erkenntlich und räumlich zurücktretend gegenüber den kennzeichnenden übrigen Zeichnungselementen, daß man bei einiger Übung nur selten im Zweifel sein wird, ob ein Teppich nomadisierenden oder seßhaften Erzeugern zuzusprechen sei. Dort, wo beide Elemente sich annähernd gleichartig mischen wie in vielen der kaukasischen Kubateppiche, erklärt die räumliche Nachbarschaft das Verschmelzen der Motive.

Wesentlich schwieriger ist schon die Einteilung nach Hauptgruppen und es muß heute geradezu als unmöglich bezeichnet werden, kennzeichnende Merkmale anzugeben, welche ermöglichen würden, den Heimatort jedes orientalischen Teppichs zu bestimmen. — Möglicherweise waren vor Jahrhunderten die Muster streng lokalisiert; bei den Teppichen, welche seit Mitte des 18. bis in das siebente Dezennium des 19. Jahrhunderts hergestellt wurden, kann man mit einiger Sicherheit Motive für Mittelfeld und Borte nur mehr gruppenweise trennen.

Bei den ganz neuen Erzeugnissen kann infolge der Musterverschleppung höchstens noch von einigen wenigen persischen und zentralasiatischen Teppichen von bodenständigen Mustern gesprochen werden — doch werden wohl bald im Auftrag europäischer Kaufleute auch diese im Hinterlande Smyrnas gefälscht werden.

Die große Treue, mit welcher einzelne Motive von Generation zu Generation durch Jahrhunderte überliefert wurden, läßt den Gedanken entstehen, daß sich für die Menschen, welche diese Figuren immer wieder genau gleich in ihren Teppichen anbrachten, gewisse Vorstellungen mit denselben verbanden, daß sie ihnen etwas bedeuteten. Einfachste geometrische Figuren: Dreieck und Viereck, das gerade und schiefgestellte Kreuz mag ja in den Kinderjahren der Völker an vielen Orten unabhängig entstanden sein, wie heute noch das Gekritzel der Kinder und auch noch einfache Verzierungen dieser ursprünglichsten Linienverbindungen sind sicherlich da und dort — weit voneinander entfernt bezüglich Zeit und Ort — aus dem gleichartigen Bedürfnis entstanden, den Schatz der allereinfachsten schmückenden Verzierungen etwas zu bereichern, womit selbstverständlich nicht gesagt werden soll, daß solch einfache Linienkombinationen symbolische Bedeutung nicht haben können.

Hält man diesen Gedankengang fest, dann wird es schwer, englischen Autoren zu folgen, welche aus dem Vorkommen des Hakenkreuzes 卐 (Swastika) in den Verzierungen von Tempelruinen Mexikos geheimnisvolle Urzusammenhänge der Menschheit wittern, weil dieses uralte Motiv auch in mancherlei Spielarten im Formenschatz der Griechen, Inder und Chinesen zu finden ist.

Ebenso wird man primitiven Darstellungen von Menschen und Haustieren vernünftigerweise keine andere Bedeutung beilegen können, als daß die ersten Anfänge der Darstellung von Mensch und Tier überall ähnlich unbeholfen ausfallen.

Begegnen wir jedoch kunstvoller ausgestalteten Zeichnungselementen — seien sie nun rein geometrischer Natur oder stilisierte Darstellungen von Pflanzen oder Tieren, Genien und Fabelwesen — in kunstgewerblichen Erzeugnissen, welche nach Zeit und Raum weit auseinandeer liegen, so wird man gewisse Zusammenhänge zwischen den Erzeugern zugeben müssen und auch eine symbolische Bedeutung der Motive nicht von der Hand weisen können.

Eine Reihe häufig vorkommender Zeichnungselemente findet die übereinstimmende Erklärung berufener Forscher.

So werden mehrere unzweifelhaft aus der chinesischen Formenwelt stammende Motive in persischen Teppichen, Stickereien, Bucheinbänden usw. nachgewiesen und deren Bedeutung erklärt. So das Wolkenband — eine Ausgestaltung der Darstellung des heiligen Schwammes Tschi, welcher in der chinesischen Götterlehre die Unsterblichkeit symbolisiert — der Drache, der Phönix, das Kilin — ein einer Hirschkuh ähnelndes Tier (s. **Motivblatt X und XII**).

Doch auch einfacheren Zeichnungselementen geometrischen oder pflanzlichen Ursprunges, wird man symbolische Deutung zusprechen müssen. So allen Ableitungen der Lotosblüte und Knospe — so dem häufigsten persischen Motive, dem sogen. Palmwipfel (s. **Motivblatt VII Fig. 8, 13, 14**). Ohne hier die Berechtigung ebenso leicht aufstellbarer als schwer beweisbarer Behauptungen prüfen zu wollen, sei nur erwähnt, daß man dieses letztere Motiv — auch Birnmuster, Schalmuster genannt — als eine Nachbildung der den persischen Feueranbetern geheiligten Flamme angesehen hat — es soll aber auch aus der Umzeichnung des Abdruckes einer halbgeschlossenen von Ballen und kleinem Finger menschlichen Hand entstanden sein — oder aber die Windungen eines heiligen Flusses zur Darstellung bringen — noch anderer Deutungen nicht zu erwähnen.

Daß Blumen in der Darstellung orientalischer Völker symbolische Bedeutung besaßen, möchte man als selbstverständlich bezeichnen. Karabacek gibt nach alten Quellen an, daß die Lotosblume entsagungsvollen Liebesschmerz versinnbildliche, die Anemone den Widerspruch äußerlicher Schönheit mit Herzensschlechtigkeit, das Veilchen Sehnsucht nach Erkenntnis Gottes und so weiter mehr.

Auch viele geometrische Figuren mögen ursprünglich symbolische Bedeutung besessen haben, wofür die treue Beibehaltung von Generation zu Generation zu sprechen scheint.

Der russische Reisende Simakoff erklärt viele der sonderbaren Figuren (s. **Motivblatt IX Fig. 3, 6**), welche man in mittelasiatischen Turkmenen-Teppichen findet, als Darstellungen der in jenen Gegenden äußerst häufig vorkommenden Skorpione, Taranteln und Tausendfüßlerarten. In Teppichen aus Belutschistan, auf Bocchara-Zeltstreifen sind manche dieser Landplagen tatsächlich unschwer zu erkennen. Es kann sich danach bei einer Reihe derartiger hakenstarrender Gebilde vielleicht auch nur um primitive Darstellungen ohne tiefere Sinnbildlichkeit handeln. Wurde ein Stamm dann etwa durch kriegerische Ereignisse ode. andere Verhältnisse aus der Heimat verdrängt, so mußte allmählich die Bedeutung dieser Darstellungen in Gegenden, denen diese Tiere fremd waren, in Vergessenheit geraten. Der am Althergebrachten hangende Sinn dieser Naturvölker mochte aber den von Mutter auf Kind vererbten Mustern nicht untreu werden, und wenn sich auch schon lange mit all den vielen Haken und Spitzen und Winkeln nicht mehr die Vorstellungen von Füßen, Stacheln und Beißzangen bösartiger Insekten verband, behielt man unbewußt all diese Merkmale bei, welche jetzt den räumlich weit auseinanderliegenden Erzeugnissen west- und innerasiatischer Stämme ein so auffallend verwandtes Gepräge verleihen.

Auch die Farben selbst haben bestimmte Bedeutungen und Wertungen. Rot und Gelb in ihren besten Qualitäten werden schon wegen der hohen Preise der Farbstoffe sehr geschätzt, Blau ist in Persien die Farbe der Trauer.

Endlich sei hier noch erwähnt, daß auch abergläubische Motive Ursache von mancherlei Eigentümlichkeiten orientalischer Teppiche sind. Auffallende in Farbe und Zeichnung ganz außerhalb der regelmäßigen Musterung angebrachte Flecken oder Streifen sollen den Besitzer des Teppichs gegen den bösen Blick schützen — ebensolche Bedeutung haben eingeflochtene, derbe Fäden aus Kamelhaar, welche man nicht selten in zentralasiatischen Eseltaschen findet.

3. ÜBER EINKAUF UND BEHANDLUNG NEUER ORIENTALISCHER TEPPICHE

Aus dem Vorhergesagten lassen sich die Eigenschaften eines guten echten Teppichs wohl entnehmen. Es wird jedoch erwünscht sein, eine Zusammenfassung dessen zu bekommen, was beim Einkauf von Teppichen zu berücksichtigen ist.

In erster Linie trachtet man, sich zu überzeugen, ob der Teppich echtfarbig ist. Manchmal genügt das Umwenden des Teppichs, um zu erkennen, daß die Plüschseite überfärbt worden ist. Die jüdischen, griechischen und armenischen Händler des Orients sind in der Wahl der Mittel, ihre Ware verkäuflicher zu machen, durchaus nicht wählerisch. Derartig grober Betrug gelingt natürlich nur selten, wenn große Flächen überfärbt werden. Die häufigste Art des Vorkommens unechter Farben besteht darin, daß einzelne Farbtöne, welche nach den alten heimischen Färbeverfahren schwer oder gar nicht herzustellen sind, durch Anilinfarben erzeugt werden. Da diese Farben jedoch bis in die neueste Zeit hinein fast durchweg nicht lichtbeständig sind, verändern die betreffenden Muster ihre ursprüngliche Farbe sehr schnell. Man nehme den Teppich, biege ihn derart, daß man zwischen die eingeknüpften Wollfäden der Oberseite bis an das Grundgewebe sehen kann und prüfe auf diese Art die einzelnen Farben durch, ob starkes Abbleichen der an der Oberfläche dem Lichte viel mehr ausgesetzten Spitzen der einzelnen Knüpffäden zu beobachten ist als unten, knapp an Kette und Einschlag. In dieser Beziehung prüfe man besonders gewisse braungraue Mitteltöne neuerer Teppiche, welche bei solch eingehender Betrachtung sehr oft erkennen lassen, daß die Wolle ursprünglich rotviolett gefärbt war. Dieser Unterschied der Farben ist sehr ausgesprochen und nicht zu verwechseln mit dem Verblassen der Farbe, welches sich auch bei unzweifelhaft sehr alten Teppichen — insbesondere anatolischer Herkunft bei Krapp, Rosa, Hellgrün oder Lichtblau bemerken läßt. Rot, Gelb und Dunkelblau zeigen sich bei Teppichen hohen Alters nahezu unverändert trotz Staub und Sonne, welche zwei- oder dreihundert Jahre auf sie eingewirkt haben. Grün ist etwas weniger beständig.

Andere Farben, welche eine ganz beachtenswerte Widerstandskraft gegen das Sonnenlicht besitzen, sind dagegen nicht waschecht — naß geworden, färben sie aus.

In dieser Beziehung gefährlich ist ein schreiendes Orangegelb, wie es besonders häufig in Sumak-Teppichen zu finden ist und ein helles, sehr feurig — etwas grell wirkendes Rot. Sind solche Teppiche naß geworden, so findet man in angrenzender weißer oder naturfarbiger Wolle in aller Deutlichkeit die Spuren der Verwaschung. Unecht gefärbte Teppiche, welche gar kein oder nur wenig Weiß enthalten, werden wohl auch absichtlich ganz gewaschen, um das allzuleicht zu erkennende oberflächliche Abfärben zu beseitigen. Bei solchen Stücken wird jedoch der vortretende Geweberand oder werden die Fransen zum Verräter — da das normalerweise naturfarbige Garn dann gefärbt erscheint.

Da man nicht weiß, wie solch ein unechtfarbiger Teppich nach einigen Jahren aussehen wird, man den Teppich auch nicht durch Waschen auffrischen und reinigen kann und für Liebhaber alter Stücke damit auch unzweifelhaft bewiesen ist, daß der Teppich neu ist — kann man unechte Farben als die entwertendste Eigenschaft eines Teppichs bezeichnen.

Im weiteren beachte man, ob die Zeichnung klar ausgeprägt erscheint. Gut — ohne Musterzerschneidungen — um die Ecken geführte Zeichnung im Mittelfeld und den Borten ist stets ein Zeichen größerer Sorgfalt bei der Herstellung.

Die meisten Händler bezeichnen ihre Ware als sehr alt, insbesondere wenn sie vermuten, daß der Käufer hierauf Wert legt. Die Wahrheit solcher Angaben zu prüfen ist durchaus keine ganz einfache Sache. Ein sicheres Urteil erlangt man erst durch große Übung. Immerhin sollen hier einige Winke gegeben werden. Alte Gebrauchsteppiche müssen natürlich eine gewisse Abnützung zeigen. Man setzt aber heute im Orient die Teppiche vielfach einer künstlichen Abnützung aus, indem man sie vor das Haus auf die Straße legt — und den ganzen Verkehr über sie ergehen läßt. Selbstverständlich sieht ein solches Stück auch nach vorgenommener flüchtiger Reinigung abgenützt aus, die Rückseite hat das kennzeichnende Gepräge der Neuheit verloren. Staub, Schmutz und Sonne haben die grell leuchtenden Farben der Vorderseite abgeschwächt und es wird auch den Geübtesten schwer sein, Altersangaben von zehn oder fünfzehn Jahren zu bestreiten, wenn der Teppich auch nur einige Tage solcher Behandlung ausgesetzt wurde. Echtfarbige Teppiche werden überhaupt grundsätzlich gewaschen, welche Behandlung den Farben bereits einen ruhigeren Ton verleiht. Genügt dies nicht, oder sind die Farben nicht waschecht, werden die zu grell wirkenden Partien mit einem braungelb abfärbenden Mineral überstrichen. Ich hatte auch Gelegenheit zu sehen, daß zum Zwecke des Altmachens der starkdurchnäßte Teppich auf der Rückseite mit der Stichflamme einer Spirituslampe abgebrannt wurde. Zwanzig oder dreißig Jahre normaler Benützung lassen jedoch andere Spuren zurück, als solche barbarische Behandlung. Die verschiedenen Farbstoffe, welche die Wolle durchtränken, wirken auf die Faser naturgemäß auch verschieden ein und dementsprechend zeigt sich auch nach einer Reihe von Jahren eine verschiedene Abnützung des Teppichs nach dessen Farben. Ganz auffallend ist diese Erscheinung bei den schwarzen Stellen, wenn der schwarze Farbstoff säurehaltig war. Da findet man an alten Teppichen mit hohem Vließ die schwarzen Stellen oft bis an das Grundgewebe abgenützt, während rote, gelbe und blaue Stellen keine wesentliche Abnützung zeigen. Eine nach den Farben verschiedene, innerhalb desselben Farbtones jedoch über den ganzen Teppich gleichbleibende Abnützung ist das sicherste Zeichen der Echtheit alter Stücke.

Man muß jedoch bei Beurteilung der Abnützung auch den Zweck des Teppichs im Auge behalten. Wandbehänge, wie die kirchlichen Zwecken dienenden Teppiche mit fünf oder mehr Maharib, dann auch die im Orient nur zu Schmuckzwecken aufgelegten feinsten Kurdistan-Teppiche (Senne und Gerus) unterliegen natürlich der Abnützung weit weniger als Fußbodenteppiche. Bei vergleichsweise gut erhaltenen alten Teppichen prüfe man wohl auch einen da oder dort an den Rändern frei liegenden Ketten- oder Einschlagfaden auf seine Festigkeit. Trotz des in früheren Zeiten verwendeten ganz vorzüglichen Materials werden die Fäden bei sehr alten Teppichen brüchig und lassen sich ohne große Anstrengung zerreißen.

Die Teppiche beginnen zumeist an den Schmalseiten schadhaft zu werden, da die äußersten Einschlagfäden nicht denselben festen Halt haben, wie jene der Mitte, daher austrennen und damit wieder das Ausfransen der Kettenfäden begünstigen. Sehr alte Teppiche werden daher nur sehr selten gut erhaltene schmale Seiten aufweisen. Wo diese vorhanden, prüfe sie der Käufer genau, da im Oriente in sehr geschickter Weise ganze Streifen angewebt und neu eingeknüpft werden. Größere Beschädigungen, Risse, Brandflecken usw. in der Innenfläche werden auf einfache Art beseitigt, indem das Stück zerschnitten und die guten Teile wieder zusammengenäht werden. Auch diese Korrektur wird oft so geschickt gemacht, indem die Schnitte nicht einfach quer über den Teppich, sondern abgestuft, etwa gewissen Linien der Zeichnung folgend geführt werden, so daß eine genauere Besichtigung der Rückseite erforderlich ist, um den Sachverhalt zu erkennen.

Derartig gut ausgebesserte Stücke können immer noch schöne, wertvolle Bestandteile einer Sammlung sein, bemerkt der Käufer die vorgenommenen Reparaturen jedoch nicht selbst, so kann ihm leicht der Preis für einen tadellos erhaltenen Teppich gemacht werden, denn in unserem Handelszweige stehen nur ganz große, gute Firmen auf dem Standpunkte fester, sachlich begründeter Preisstellung.

Man lasse sich jeden Teppich mit der Vorderseite gegen das Licht gewendet emporheben und besehe sich dann die Rückseite, wobei jeder Mottenfraß, jeder Riß zu erkennen ist.

Auch lasse man sich jeden Teppich auf den nackten Fußboden auflegen. Es ist ein beliebter Kunstgriff der Händler, den zu verkaufenden Teppich in möglichst schönen Faltenwurf über Ballen oder Stühle usw. gelegt anzubieten. Erstens kommen Glanz und Farbe hierdurch am besten zur Geltung — zweitens werden bei solchem Auflegen sehr leicht Webefehler wie ungleiche Seiten, Falten und Verziehungen übersehen, welche sich bei glatter horizontaler Unterlage sehr unangenehm bemerkbar machen.

Derartige Webefehler mindern den Wert jedes Teppichs — doch sollte hierbei ein Unterschied gemacht werden. Wer sich einen großen neuen Smyrna, Ferahan oder Täbris kauft, wird mit vollem Recht tadellos glattes Aufliegen des Teppichs verlangen, bezw. einen Fehler entsprechend in Rechnung ziehen können, denn diese Erzeugnisse stehen mit europäischen Fabrikaten in ausgesprochenstem Wettbewerb. Dagegen wäre es ungerecht, an die anspruchslosen Erzeugnisse asiatischer wandernder Hirtenvölker denselben strengen Maßstab anzulegen; tatsächlich ist ein vollkommen genau rechteckiger und ganz glatt aufliegender Nomadenteppich eine Seltenheit und ganz entschieden Ausnahme. Bei einem Nomadenteppich in dieser Beziehung höchste Anforderungen zu stellen, ist ein Zeichen von Unkenntnis der Herkunft und Entstehung solcher Stücke.

Eine genaue Beachtung aller hier angeführten Einzelheiten wird auch zu einer vergleichsweise richtigen Bewertung eines zu kaufenden Teppichs führen. Noch vor 10 oder 12 Jahren konnte man gute Durchschnittsware zu Quadratmeterpreisen kaufen. Je nach Dichte der Knüpfung und Schönheit der Farben und Zeichnung kostete damals der Quadratmeter in Mitteleuropa etwa 25 bis 35 Mark. Diese Zeiten sind wohl unwiederbringlich vorbei. Heute kann man nur mehr ganz neue Smyrna- und Perserteppiche zum Quadratmeterpreis kaufen. Solche Teppiche werden entweder in von Europäern geleiteten Fabriken hergestellt oder nach Maß und nach Mustern, welche von Europäern gezeichnet sind, der heimischen Hausindustrie übergeben. Ältere

Teppiche — seien sie nun Nomadenarbeit oder Produkte der Hausindustrie seßhafter Bevölkerung — haben in Europa und im Orient heute nur mehr Stückpreise.

Und wie unheimlich sind diese gestiegen und noch im Steigen!! Betrachtet man heute die Preise, welche im Kataloge der Wiener Teppichausstellung vom Jahre 1891 angesetzt sind, so ergreift den Liebhaber das Bedauern, damals nicht alles aufgekauft zu haben, was da geboten wurde — und sicherlich würden die Kaufleute selbst vergnügt ihre Waren zum damaligen Preise zurückkaufen. Gute echtfarbige Marktware ist heute mindestens doppelt so teuer wie vor 20 Jahren — gute alte Stücke, soweit sie überhaupt noch erhältlich sind, haben noch ganz anders im Preise angezogen. Im Oriente ist dieses Emporschnellen früher und stärker bemerkbar gewesen als in Europa — wo noch große Bestände älterer Waren vorhanden sind und in Privatbesitz noch eine große Menge vorzüglicher Stücke zu finden ist, welche einst zu billigen Preisen erworben wurden und nun bei Versteigerungen vorteilhafte Gelegenheitskäufe ermöglichen. Alte Teppiche sind als einzelne Stücke für Mittelstandsverhältnisse in Konstantinopel für den Reisenden, welcher sich höchstens zwei Wochen dort aufhält, als unerschwinglich zu bezeichnen. Selbstredend ist hierbei dem unverschämten Vorbieten der Händler Rechnung getragen. Aber bei Preisangaben von 2000 Franken ist ein mehrfach reparierter Gebetteppich doch auch mit 500 Franken noch zu teuer für unsere Verhältnisse — und unter dieser Preisgrenze ist das Stück trotz aller tagelang angewandter Überredungskräfte und zahlreichen Schalen Kaffee oder Tee, welche beim Handeln gereicht werden, kaum zu haben.

Der europäische Kaufmann kauft zumeist partienweise im Hauptzollamt oder bei mehreren der zahlreichen größeren und kleineren Händler. Natürlich gibt es Partien, welche ausschließlich ganz neue Ware enthalten. Uns interessieren jedoch hauptsächlich jene Sammelballen, welche auch alte Stücke aus dem Bereiche, den der Verkäufer selbst absuchte oder durch Agenten absuchen ließ, enthalten.

Ach wie spärlich ist die Anzahl guter Stücke in den meisten solcher Ballen! In Konstantinopel, wo naturgemäß das Verständnis für alte, edle Stücke viel allgemeiner ist wie bei uns, werden die Ballen stets so zusammengestellt, daß diese einzelnen Raritäten die Minderwertigkeit der Nachbarn decken müssen.

Den größten Einfluß auf die Teppichpreise im Orient übt zweifellos Amerika aus. Händler, Dekorateure, ganz besonders aber Liebhaber kaufen alte Stücke zu jedem Preise auf. Auch heute noch ist in Konstantinopel manch seltenes, prächtiges Stück in den Sultanschlössern, in den Moscheen zu finden — und ab und zu wird auch eines gefunden — wenn auch nicht von ehrlichen Findern.

Ich selbst sah bei einem der größeren Händler fünf Fragmente eines prächtigen alten Perserteppichs mit besonders schöner, großzügig gezeichneter Borte. Jedes dieser Fragmente war für sich sehr gut erhalten, paßte in der Zeichnung ganz scharf an das Nachbarstück und war nahe 50×80 cm groß. Offenbar das Format, welches noch unauffällig unter den Kleidern verborgen weggetragen werden konnte. Beim Händler werden diese Stücke durch sehr geschickte Knüpfer wieder aneinandergefügt.

Aber auch ganz kleine Fragmente, große Fleckchen alter Stücke, wenn sie in Zeichnung, Material und Arbeit fein sind, erreichen Preise von 4,5 und mehr türkischen Pfunden. (Das türk. Pfund wird in Konstantinopel mit 23 Franken berechnet.)

Bei guten Stücken des XVI. bis XVIII. Jahrhunderts kann man von einer Preisgrundlage nicht sprechen — im Orient kann man schöne und dabei gut erhaltene antike Teppiche heute bei Händlern nicht unter 10000 Franken bekommen. Für ganz hervorragende Arbeiten wird aber noch viel mehr verlangt und — nicht nur von Amerikanern — auch gezahlt. Bei guten, echtfarbigen Stücken der ersten fünf oder sieben Dezennien des XIX. Jahrhunderts gilt wie bei den neuen Teppichen die Feinheit und Dichte der Knüpfung als maßgebend für den Preis. Sogar bei den billigen Löhnen des Orients spielt das Material gegenüber dem Lohn für die Knüpfung keine Rolle. Aus mehreren Angaben über Löhne für die Knüpfarbeit in Persien und Anatolien ergibt sich ein mittlerer, annähernder Preis von 1 Pfennig für 100 Knüpfungen. Feine Qualitäten Smyrnateppiche oder echte Afghans weisen bis zu 100000 Knüpfungen auf — woraus ein Preis von nur 10 Mark für den Quadratmeter an Lohn resultieren würde. Jeder Händler, jeder Kaufmann „prüft" auch sofort nach dem Preis. Er fühlt die Qualität der Arbeit im Griff und da sich zur feinen Knüpfung nur feines Material eignet, so ist die Berechtigung dieser Bewertung nicht von der Hand zu weisen.

In einem kleinen Stückchen (73×30 cm) zentralasiatischen Turkmenenteppichs kreuzen sich im Raume eines Quadratzentimeters mehr wie 12 Einschlagfäden mit 13 Kettenfäden, was einer Maschenanzahl von 81 auf diese Fläche entspricht. Dieser kleine Teppich enthält also über 177000 Maschen. Bei der Feinheit der Arbeit wird es sicher zu niedrig gegriffen sein, den Lohn für 100 Knüpfungen mit 13 Pfennig zu bewerten. Eine andere Preisangabe lautet auf 25 Pf. für 100 Maschen. Aber schon nach dieser niederen Annahme würde der Lohn für die Herstellung allein 220 M. 10 Pf. betragen. In Konstantinopel kostete das Stück einschließlich Wolle und Seidenmaterial, Transport usw. 23 Franken. War dies auch ein besonders günstiger Ausnahmepreis und zwar das Drittel des Normalpreises — so zeigen diese Ziffern doch, daß man gute, orientalische Ware auch heute noch trotz der enormen Preissteigerung der letzten Jahre billig kauft im Vergleich zu europäischer Erzeugung gleicher Güte. Feine, sogenannte Boccharateppiche von 6 Quadratmeter Größe und 400000 Maschen auf den Quadratmeter, in Farbe und Zeichnung tadellos, werden heute in Europa zwar schon selten, sind aber doch noch fast überall um 1000 bis 1700 Mark zu kaufen. Der Lohn allein würde bei europäischer Herstellung 3000 Mark betragen. Rechnet man nun zu dem Lohnaufwand des europäischen Erzeugnisses noch Material- und Regie-Kosten, Unternehmer- und Verkäufer-Gewinn und bedenkt, daß in dem Preis für das orientalische Fabrikat neben den Materialkosten auch jene für einen ganz beträchtlichen Transport und ein relativ bedeutender Zwischenhändlergewinn inbegriffen sind, so ersieht man einerseits, wie billig gutes orientalisches Fabrikat ist, anderseits wird es klar, welche Lockung in den Lohnverhältnissen Asiens für die europäische Spekulation liegen muß.

In engstem Zusammenhang mit der Feinheit der Knüpfung wirkt die Qualität der Wolle preisbestimmend ein. In Europa schätzt man insbesondere die weichen glänzenden Wollqualitäten hoch und bewertet die Mekka und Schiras genannten persischen

Teppiche der Kaschkainomaden, die kaukasischen und anatolischen weichen, im Vließ lang gehaltenen Teppiche höher, als sie es ihrer Knüpfung nach verdienen.

Es sei nun auch noch besprochen, wie man seine Teppiche behandeln soll.

Zumeist ist der beim Händler gekaufte Teppich sehr verstaubt oder sonst beschmutzt, mit Kaffee oder Fettflecken behaftet — kurz einer sehr gründlichen Reinigung bedürftig. — Wenn irgend möglich, besorge man diese Reinigung selbst. Ist der Teppich im Gewebe noch fest, lasse man ihn von rückwärts mit einem breiten Klopfer ausstäuben — ein Stock, ob elastisch oder nicht, ist zum Schlagen nie zu empfehlen. Die Behandlung mit dem Vakuum-Reiniger eignet sich für neuere, in der Knüpfung noch feste Teppiche sehr gut — alte, mehrfach ausgebesserte Exemplare verlieren dagegen unter der kräftigen Saugwirkung — insbesondere in den schwächer nachgeknüpften Stellen viel Wolle. Will man den Teppich aber selbst ausbessern lassen, so ist eine einmalige ausreichende Entfernung des Staubes sehr zu empfehlen, da sich in alten Teppichen ganz unglaubliche Mengen befinden können. Nach dieser ersten trockenen Reinigung soll der Teppich gewaschen werden. Für die Zulässigkeit dieser Behandlung ist natürlich Echtfarbigkeit Vorbedingung. Das Waschen soll jedoch nicht einer gewöhnlichen sogenannten Dampfwäscherei übertragen werden, welche die Reinigung in sehr heißem Wasser evtl. auch unter Benutzung von Alkalien vornimmt, da auf solche Art der Teppich wohl rein, aber meist auch glanzlos zurückkommt. Die zweifellos beste Waschung erfolgt in lauwarmen Wasser, welchem ein Absud von Seifenwurzel (Saponaria officinalis) beizumischen ist. Hierdurch erhält der Teppich nach vollkommenem Trockenwerden Weichheit und erhöhten Glanz. Man erhält seine Teppiche besser und schöner, wenn man sie alle drei oder vier Jahre einmal wäscht und in der Zwischenzeit nur leicht ausklopft oder schüttelt, als wenn sie recht oft derb geschlagen werden. Steht dem Teppichbesitzer ein Bach zur Verfügung, so sei das gesicherte Einhängen in das fließende Wasser bestens empfohlen. Bei heftigem Regen breite man die Teppiche mit der Rückseite nach oben auf guten, reinen Rasen oder lege sie tunlichst horizontal über gespannte

Stricke. Im Winter lege man die Teppiche mit der Vorderseite auf reinen Schnee und klopfe sie in dieser Lage tüchtig aus — schleife sie dann an anderer reiner Stelle hin und her. Die Schneeunterlage dient dem Gewebe als Stütze und macht das Schlagen ungefährlich.

Manch andere Reinigungsmethoden wurden mir empfohlen und von mir auch versucht. Dem Waschen zunächst habe ich das Abreiben der Teppiche auf der Vorderseite mit nassem rohen Kraut, wie es in Österreich auf den Gemüsemärkten käuflich ist, dienlich befunden. Dagegen ist die Behandlung der Teppiche mit in Benzin getränkten Sägespänen teuer und nicht wirksam. Die feucht gemachten Teppiche mit grobkörnigem Meersalz abzureiben, wie in einer Zeitschrift angeraten wurde, ist nicht zu empfehlen.

Der bitterste Feind des Teppichliebhabers ist die Kleidermotte. Liegende Teppiche, auf welchen herumgegangen wird, sind diesem Insekte weniger ausgesetzt als Portieren, Wandbehänge und zu Möbeln verarbeitete Teppiche. Da die Motten ruhige, warme Räume lieben, tut man gut, sie durch Lüften, durch leichtes Schütteln der hängenden Stücke öfters zu stören. Außerdem bevorzugen diese Tierchen gewisse Farben — insbesondere Rot und suchen im allgemeinen lieber weitmaschige als eng und fest geknüpfte Teppiche auf. Man untersuche daher solche Teppiche, bei welchen einmal Motteneinwanderung stattgefunden hat, besonders sorgfältig. Gut bewährt hat sich auch das Auflegen von Flügeln verschiedener Vögel, Hühner, Tauben, Krähen usw. auf Schränken und Gesimsleisten. Die Motten lieben Federn ganz besonders und nisten sich in ihnen gern in ganzen Kolonien ein.

Eine mehrmalige Nachschau und Verbrennen solcher Lockspeisen vernichtet die sonst den Teppichen gefährlich werdenden Feinde. Über Sommer unbenützte Teppiche werden am besten nach gründlichem Auslüften mit einem Absud von Fliegenholz (Quassia L.) eingerieben und dann in Leinen eingeschlagen. Das Einstreuen von Kampfer, Bespritzen mit Lavendelöl leistet gute Dienste. Vielfach wird auch Naphtalin verwendet, ich habe jedoch in Wohnungen mit intensivstem Naphtalingeruch prächtige Exemplare von Motten in großer Menge getroffen.

Schließlich sei noch darauf hingewiesen, daß man gute, alte Teppiche auch schonend behandeln soll. Dazu gehört vor allem, daß man keine schweren Möbel mit scharfkantigen Füßen stets an derselben Stelle auf den Teppichen stehen lassen soll. Stückchen starker Pappe, besser noch auch Kautschuk, unter Tisch- oder Kastenfüße gelegt, tragen sehr zur Schonung der Teppiche bei. Dünne und gleichzeitig dicht geknüpfte Teppiche soll man für Transport oder Aufbewahrung nicht eng rollen oder zusammenfalten, da solche Stücke durch solche Behandlung Falten bekommen, welche sehr lange bemerkbar bleiben. Am besten lege man einen Stab oder einen zweiten, jedoch weichen, locker geknüpften Teppich ein, über welchen das härtere Stück gerollt werden kann.

4. GRUPPIERUNG ORIENTALISCHER TEPPICHE NACH DEM URSPRUNGSLAND*)

Die Teppiche werden im allgemeinen nach den Landstrichen, in welchen sie erzeugt werden, benannt, im Handel erhalten sie jedoch vielfach auch die Bezeichnung nach dem Hauptausführungsorte, dem Sammelpunkte für die Erzeugnisse weiter Gebiete. Eine genaue Bezeichnung der zahllosen Typen nach Landschaften oder gar Ortschaften ist heute nicht mehr möglich. Vielleicht wäre es noch vor 50 oder 60 Jahren angegangen, die in den verschiedenen Gegenden von seßhafter und von Nomadenbevölkerung erzeugten Teppiche nach Ornamenten, Farben, Größe, Wollqualität und Knüpfungsart ziemlich verläßlich zu bestimmen. Seither ist durch europäischen Einfluß eine sehr bedauerliche Verwirrung eingetreten und die ortsübliche Tradition — meist ein Resultat der verfügbaren Wollqualität und der bestehenden Wohnungsverhältnisse — zum Schaden des Erzeugnisses ist verwischt. In Smyrna werden nach persischen Mustern Teppiche hergestellt, in Persien und Indien kaukasische Typen, die dem feinsten Wollmateriale entsprechenden kleinblumigen Muster, werden mit viel gröberer Wolle nachgeahmt und ergeben ver-

*) Im folgenden Teile des Handbuches gelangen die Bezeichnungen alter und neuer Teppich nicht mehr zur Anwendung — der Verfasser setzte dafür die im Handel gebräuchlichen Ausdrücke: antik und modern ein.

wischte, unklare Zeichnungen, auch leidet die Solidität der Produkte durch das Hindrängen auf Massenerzeugung.

Immerhin ist man noch in der Lage, einige große Gruppen zu unterscheiden, welche gewisse gemeinsame Merkmale haben. Von indischen und japanischen, sowie von Seidenteppichen sehe ich hier ab.

A) TÜRKISCH-ANATOLISCHE TEPPICHE

Die türkisch-anatolischen Teppiche lassen sich in zwei Gruppen einteilen:

a) in fabrikmäßig erzeugte Teppiche und

b) in Hausindustrie-Teppiche.

Da an der kleinasiatischen Küste das griechische Volkselement überwiegt, so ist daselbst ein fabrikmäßiger Betrieb möglich, der auf so hoher Stufe steht, daß man daselbst auf Bestellung jedes gewünschte Dessin, sowie jede gewünschte Größe und Farbe binnen 6—8 Wochen erhalten kann. Die fabrikartigen Betriebe daselbst sind kapitalistisch sehr gut fundiert, und darin liegt einer der bedeutendsten Unterschiede zwischen fabrikmäßiger und Hausindustrie. Die Hausindustrie wird auch im Oriente von der armen Bevölkerung in ihren kleinen Wohnräumen, die die Aufstellung nur eines kleinen, kaum über 2 m breiten Webstuhles gestatten, ausgeübt; hingegen besitzen die kapitalkräftigen fabrikartigen Betriebe bestmöglichst eingerichtete Räume, die das Aufstellen von Webstühlen bis zu 16 m Breite ermöglichen. Dies ist eben die Ursache, daß in Smyrna und dessen Hinterland, Kula, Ghiordes und Demirdschi fast ausschließlich nur große, meist 2×3, $2^1/_2 \times 3^1/_2$, 3×4, $3^1/_2 \times 4^1/_2$, 4×5 m und noch viel größere Teppiche erzeugt werden, die unter dem Sammelnamen „Smyrnateppiche" in Europa und Amerika bekannt und in großen Mengen in den Teppichgeschäften erhältlich sind. Die bei uns meist bekannten großen Smyrnateppiche sind locker und sehr hochwollig geknüpft. Auf 100 qcm entfallen 200—300 Knoten.

a) TÜRKISCH-ANATOLISCHE TEPPICHE, FABRIKMÄSZIG ERZEUGT

Abbildungen 49—54 veranschaulichen die am meisten vorkommenden Gattungen der in fabriksmäßigen Betrieben erzeugten türkisch-anatolischen Teppiche.

Abb. 49. Moderner Smyrna-Teppich — auch Uschak- oder Medaillon-Teppich genannt.

Abbildung 49. Moderner Smyrna-Teppich — auch als Uschak- oder Medaillon-Teppich bezeichnet. Auf 100 qcm entfallen etwa 150—240 Noppen. 2—6 m breit und 3—12 m lang, fast ausschließlich nur in den drei Farben rot, grün und blau vorkommend. Preis pro qm 30—50 Mark.

Abb. 50. Moderner Smyrna-Teppich — auch Yaprak-Teppich genannt.

Abbildung 50. Moderner Smyrna-Teppich — auch als Yaprak-Teppich bezeichnet. Auf 100 qcm entfallen etwa 150 bis 250 Nop-

Ladik Gebetteppich.

(Text s. Seite 115.)

Abb. 51. Moderner Smyrna-Teppich — auch Ghiordes-Teppich genannt.

pen. 2—6 m breit und 3—12 m lang, fast ausschließlich nur in den drei Farben rot, grün und blau vorkommend. Preis pro qm 25—50 Mark.

Abb. 52. Moderner Smyrna-Teppich — auch Demirdschi-Teppich genannt.

Abbildung 51. Moderner Smyrna-Teppich — auch als Ghiordes-Teppich bezeichnet. Auf 100 qcm entfallen etwa 200 bis 270 Noppen. 2—6 m breit und 3—12 m lang, in allen in Europa

Abb. 53. Moderner Smyrna-Teppich.

Abb. 54. Moderner Smyrna-Teppich — auch Hereke-Teppich genannt.

jeweilig gangbaren Farben vorkommend. Diese Teppiche werden auch mit vollgemustertem Fond (s. **Abbildung 52**) erzeugt. Preis pro qm 22—35 Mark.

Abbildung 52. Moderner Smyrna-Teppich — auch als Demirdschi-Teppich bezeichnet. Auf 100 qcm entfallen etwa 240—340 Noppen. 2—6 m breit und 3—12 m lang, in allen in Europa jeweilig gangbaren Farben vorkommend. Diese Teppiche werden auch mit glattem Fond mit Medaillon (s. **Abbildung 51**) erzeugt. Preis pro qm 30—45 Mark.

Abbildung 53. Moderner Smyrna-Teppich — meist nach verschiedenen kleinasiatischen Städten bezeichnet. Auf 100 qcm entfallen etwa 300—900 Noppen. 2—6 m breit und 3—12 m lang, in allen in Europa jeweilig gangbaren Farben und in den verschiedenartigsten modernsten sowie altpersischen Dessins vorkommend. Preis pro qm 40—100 Mark.

Abbildung 54. Moderner Smyrna-Teppich — auch als Hereke-Teppich bezeichnet. Auf 100 qcm entfallen etwa 700 bis 1000 Noppen. Preis pro qm 80—150 Mark. Diese Teppiche werden in der Fabrik des Sultans in Hereke (an der Bahnlinie Skutari—Angora gelegen) geknüpft. Die genannte Abbildung stellt einen der feinsten Hereke-Teppiche dar, doch werden daselbst auch billige Teppiche in Muster, Dimensionen und Farben wie unter **Abbildung 51** und **52** angeführt, erzeugt.

b) TÜRKISCH-ANATOLISCHE HAUSINDUSTRIE-TEPPICHE.

Sowohl in der Nähe von Smyrna, der Heimstätte der fabrikmäßigen Erzeugung, als auch in dem schwer zugänglichen Binnenlande, insbesonders aber in Anatolien, mit seiner zumeist türkischen und armenischen Bevölkerung, werden Teppiche durch Hausindustrie erzeugt.

Da Anatolien im Westen an das Gebiet der fabrikmäßig erzeugten Smyrna-Teppiche, im Osten aber an Persien grenzt, so konnte seine Teppichindustrie hierdurch nicht unbeeinflußt bleiben. Während sich die Teppiche im westlichen Anatolien in Qualität, Farbe und Musterung stark an die Erzeugnisse des Küstenlandes anlehnen und im Handel auch als Smyrna-Teppiche gelten, werden im Osten dieses Gebietes Arten angefertigt, welche an Güte und Schönheit mit der guten persischen und kaukasischen Ware wetteifern.

Eine Hauptrolle bei der türkisch-anatolischen Hausindustrie spielen die Gebetteppiche.

Wie bekannt ist, dienen diese Teppiche den Mohammedanern dazu, ihre Gebete darauf kniend zu verrichten. Der Betende hat das Haupt gegen Mekka gewendet und dementsprechend weist auch der Giebel der Gebetnische dorthin. Bei der unverkennbaren Nachbildung einer dreiteiligen Nische, wie sie auf Teppichen des XVII. Jahrhunderts zu finden ist, hat die Ansicht viel für sich, die in dieser Nischenzeichnung eine Nachahmung der allen Mohamedanern geheiligten Gebetnische der über der Kaaba erbauten Moschee in Mekka erblicken will. — Obwohl die Gebetteppiche des XIX. und auch schon des XVIII. Jahrhunderts ganz wesentlich einfacher gezeichnet sind, so hat doch bis in diese Zeiten hinein der Giebel am meisten zu eigenartiger Formgebung angeregt und eine ganze Anzahl anatolischer Gebetteppiche ist hauptsächlich durch die Linienführung dieses Teiles zu unterscheiden.

Ganz hervorragend in Farbenstimmung und Musterung sind die Gebetteppiche und Ghiordes (s. **Abbildung 63**). Diese dürften wohl auch schon zur Zeit ihres Entstehens bestaunte Meisterwerke der Teppichknüpfkunst gewesen sein, und turkomanischer Hausindustrie oder auch nomadischen Arbeiterinnen als Vorbild gedient haben.

Eine eigene Sorte Ghiordes-Gebetteppiche sind die Ghiordes-Marpudjle. Diese Teppiche sind über die ganze Fläche schmal gestreift und das einfache Muster dadurch hervorgebracht, daß an jedem der hellen Streifen zwei Fleckchen dunkel abgetönt sind.

Die Gebetteppiche aus Kula (s. **Abbildung 61**) sind im allgemeinen wohl nicht so geschätzt wie jene aus Ghiordes, doch kommen unter den antiken Kula-Gebetteppichen Stücke vor, welche den berühmten Ghiordes-Gebetteppichen in bezug auf Feinheit der Knüpfung und Reinheit der Zeichnung ebenbürtig zur Seite stehen. Im Gegensatze zu den Ghiordes-Gebetteppichen haben die Kula-Gebetteppiche die allgemeine Tendenz der Auflösung der Bortenzeichnung in Streifen.

Neben den „Gebetteppichen“ der türkisch-anatolischen Hausindustrie kommen noch viel Sorten von Teppichen für den allgemeinen Hausgebrauch in Betracht. Hauptsächlich sind dies die Teppiche aus Pergamo (s. **Abbildung 69**), Melas (s. **Abbildung 71**), Megri (s. **Abbildung 72**) usw.

Eine eigene Sorte sind wieder die Yürück- oder Montagnard- und Kurden-Teppiche (s. **Abb. 74, 75, 76**). Diese Teppiche werden von vielen Händlern und auch von oberflächlicheren Kennern als kaukasische, meist als „Kasak“-Teppiche angesehen. Der geometrische Grundcharakter der Sterne in den Mittelfeldern, das hakenbesetzte Vieleck in den Borten dieser Teppiche sprechen auch gar nicht gegen diese Bezeichnung. Doch schon die durch Querstreifen hergestellte Abtrennung des Mittelfeldes in vier Felder, ferner auch die Borte als einziger breiter Streifen kommt wohl bei Pergamo- und selten auch bei Ladik-Teppichen, nie aber bei kaukasischen Teppichen vor, bei welchen in seltenen Fällen wohl die Borte ganz fehlt, in der überwiegend großen Mehrzahl der Fälle aber in drei Streifen zerfällt: einen breiten Mittelstreif zwischen zwei andersgezeichneten schmälern. Ganz unzweideutig werden die Teppiche jedoch durch ihre schlaffe Beschaffenheit infolge ihrer leichteren Knüpfung und großer Maschenweite des Grundgewebes als anatolische Yürük- oder Kurden-Teppiche gekennzeichnet.

Es sei hier in der anatolischen Gruppe auch eine Sorte Teppiche, wie auf **Abbildung 65** ersichtlich, besprochen. — Diese Teppiche werden von der überwiegenden Anzahl von Teppichhändlern als Samarkand-Teppiche bezeichnet, welche aus Ost- (chinesisch) Turkestan stammen, und dürften infolgedessen nicht unter den Teppichen der türkisch-anatolischen Gruppe eingereiht werden. Die Bestimmung als Samarkand erfolgte aber aus dem rein äußerlichen Grunde, daß die Aneinanderreihung mehrerer Gebetnischen mit demselben baumartigen Motiv in den einzelnen Nischen auch in Samarkand-Teppichen vorkommt. Doch lange Teppiche mit mehreren Maharib nebeneinander sind in Kleinasien und in der Türkei durchaus nicht unbekannt. Ist doch z. B. die weite Fläche des Bodens der Aja Sophia mit unzähligen gleichartigen, allerdings sehr ordinären Saph — wie sie genannt werden, belegt. Aber auch in einzelnen Stücken ganz unverkennbar anatolischen Charakters sind sie zu finden. Ebenso ist der Lebensbaum in den Nischen durchaus kein ausschließlich zentralasiatisches Motiv — abgesehen davon, daß dieses Motiv in Samarkand-Wollteppichen nie (und auch im berühmten Grafschen Susandschird-Teppich nicht) derart rein und streng stilisiert erscheint, wie in der Abbildung 65, und in anderen anatolischen Teppichen. — In einer der Hauptstraßen Konstantinopels steht ein Brunnen, auf dessen beiden Seiten ganz in der Weise eines von Gebetteppichen umhängten Steines, der Lebensbaum (**Abbildung 66**) mehrfach dargestellt erscheint. Über Herkunft, Verbreitung dieses Motivs bestehen weit auseinandergehende Meinungsunterschiede, auf welche hier nicht eingegangen werden soll. Wer sich hierfür interessiert, möge Karabacek „Die persische Nadelmalerei“, Lpz. 81, S. 153 lesen.

Wenn wir nunmehr behufs Kennzeichnung der neueren türkisch-anatolischen Gruppe orientalischer Teppiche nach gemeinsamen Merkmalen suchen, so ergibt sich, daß dieselben mehr in Material und Erzeugungsart als in sicher und klar umschreibbaren Zeichnungseigentümlichkeiten zu finden sind.

Die anatolischen Teppiche, welche in den ersten 70 Jahren des XIX. Jahrhunderts erzeugt wurden, sind fast ausnahmslos weich und schmiegsam. Sehr fein geknüpfte Stücke, wie etwa unter den Senne oder den Tekke-Turkmenen-Teppichen sind in dieser Gruppe nicht zu finden. Die Wolle ist meist sehr glänzend und wird ziemlich lange belassen. Als Material für Kette und Schuß wie für die Knüpfungen wird zumeist Schafwolle, aber auch Ziegenhaar verwendet. Seide als ausschließliches oder teilweise verwendetes Material ist mir an anatolischen Teppichen dieses Zeitabschnittes nicht bekannt geworden.

Bezüglich der Zeichnung können wir drei Gruppen von Motiven unterscheiden. In der einen finden wir Ornamente, welche entweder an Ort und Stelle entstanden sind, oder, wenn auch von auswärts eingeführt, doch ihre eigenartige Entwicklung durchgemacht haben. Die gleichlaufend nebeneinander in die Mittelfelder an kurzen Stengeln hineinragenden Nelken, die dreiblumigen stilisierten Sträußchen, die drei oder fünf nebeneinander hängenden langstieligen Tulpen der Ladikteppiche und manch andere Motive sind ganz ausschließlich anatolische, boden-

Ladik Teppich.

(Text s. Seite [illegible])

ständige Motive. Es sind mehr oder minder eigenartig stilisierte vegetabile Formen.

In der zweiten Gruppe herrscht das geometrische Element vor. Wir finden Rechtecke, Rhomben, Stufenvielecke und Sterne — nach Nomadenart zusammenhanglos hineingestreut. Zwischen ihnen, oder wohl auch an sie angegliedert, sonderbar gestaltete Gebilde. Klauen und Zangen und Haken, einmal an langen Stielen, ein andermal wie kurze, wehrhafte Krallen oder Zähne, den Umrissen einzelner Zeichnungsteile folgend. — Die Ähnlichkeit dieser Motive mit solchen kaukasischer, persischer und zentralasiatischer Herkunft ist so sprechend, daß der gemeinsame Ursprung nicht verkannt werden kann. Die geschilderten Motive sind Äußerungen turkomanischer Eigenart.

In den Steppen zwischen Kaspi- und Aralsee, an den Ufern des Atrek und Amu darja, bei den Tekke-, Yomud-, Salye-Turkmenen hat sich das geometrische Motiv, die Verwendung von Haken wohl am ursprünglichsten, reinsten erhalten, doch auch die, durch die Ereignisse versprengten Volksteile, sind in ihren Kunstäußerungen zäh bei vererbter Art geblieben, soweit das Material an Wolle und Farbstoffen das ermöglichte. Staunenswert ist die Ähnlichkeit des Motives mancher Pergamo, mit räumlich weit davon entstandenen Belutschistan- oder Afghan-Teppichen. Natürlicherweise haben im Laufe der Zeiten gar mannigfache Vermischungen heimisch anatolischer und östlich turkomanischer Motive stattgefunden. Seßhaft gewordene Stämme haben aus dem Formenschatz der Nachbarn geschöpft und umgekehrt selbst diese wieder beeinflußt.

Abbildungen 55—76 veranschaulichen die am meisten vorkommenden Gattungen türkisch-anatolischer Hausindustrie-Teppiche.

Motivblatt I (s. S. 227) enthält die fast nur in der türkisch-anatolischen Teppich-Hausindustrie am häufigsten vorkommenden Motive.

Abbildung 55. Nigde-Gebet-Teppich. Im Handel auch als anatolischer Gebet-Teppich bezeichnet. Auf 100 qcm entfallen 600—900 Noppen. Meist in Größe von 0.85×1.40 m vorkommend. Die Teppiche dieser Art werden auch in Maaden in der Nähe der Stadt Nigde erzeugt, sind weich und schmiegsam, und gehören zu den ordinärsten Erzeugnissen orientalischer Gebet-Teppiche.

Hauptfarben rot, blau. Ein grelles Gelb in der Zeichnung meist vorherrschend. Preis pro Stück 30—90 Mark.

Abbildung 56. Tuzla-Gebet-Teppich. Im Handel auch als anatolischer Gebet-Teppich oder Sultan-Teppich bezeichnet. Auf 100 qcm entfallen 700—1000 Noppen. Meist in Größe von 1.20×1.80 m vorkommend. Die Teppiche dieser Art, welche ziemlich selten sind und im Orte Tuzla bei Konia erzeugt werden, sind weich und schmiegsam, die Wolle ist glänzend und ziemlich kurz. Hauptfarben blaßrot, grün, terrakotta, blau und creme. Preis pro Stück antik 150—500 Mark, modern 70—200 Mark.

Abb. 55. Nigde Gebet-Teppich.

Abbildung 57. Mudjur-Gebet-Teppich. Im Handel auch als anatolischer Gebet-Teppich oder Sultan-Teppich bezeichnet. Auf 100 qcm entfallen etwa 700 bis 1000 Noppen. Meist in Größe von 1.10×1.60 m vorkommend. Die Teppiche dieser Art, welche in der Stadt Mudjur, am Flusse Kisil-Irmak gelegen, erzeugt werden, sind weich und schmiegsam, die Wolle ist glänzend und ziemlich kurz. Hauptfarben rot, grün, creme, blau. Preis pro Stück antik 150—500 Mark, modern 70—200 Mark.

Abbildung 58. „Kir-schihir"-Gebet-Teppich. Im Handel auch als Sultan-Teppich oder anatolischer Gebet-Teppich kurzweg bezeichnet. Auf 100 qcm entfallen etwa 700—1000 Noppen. Meist in Größe von 1.10×1.60 m vorkommend. Das Merkmal für Kirschihir-Gebet-Teppiche sind zwei schmale kirschrote Streifen in der Borte. Die Teppiche dieser Art, welche in der Stadt Kirschihir, am Flusse Kisil-Irmak gelegen, erzeugt werden, sind weich und schmiegsam, die Wolle ist glänzend und ziemlich kurz. Hauptfarben rot, grün, creme. Preis pro Stück antik 150—500 Mark, modern 70—200 Mark.

Farbige Tafel III (vor **Seite 105**). Ladik-Gebet-Teppich. Im Handel auch als Ghiordes- oder Kula-Teppich bezeichnet. Auf 100 qcm entfallen 1000—1400 Noppen. Meist in der Breite von 1—1.40 m und in der Länge von 1.40—2 m vorkommend. Die Teppiche dieser Art sind weich und schmiegsam, die Wolle glänzend und nicht sehr kurz. Hauptfarben rot, grün, gelb, creme und blau. Preis pro Stück antik 500—1200 Mark, modern 150—600 Mark.

Abb. 56. Tuzla Gebet-Teppich.

Abbildung 59. Ladik-Gebet-Teppich. Im Handel auch als Ghiordes- oder Kula-Teppich bezeichnet. Auf 100 qcm entfallen etwa 1000—1400 Noppen. Meist in der Breite von 1—1.40 m und in der Länge von 1.40—2 m vorkommend. Die Teppiche dieser Art sind weich und schmiegsam, die Wolle glänzend und nicht sehr kurz. Hauptfarben rot, grün, gelb, creme und blau. Preis pro Stück antik 300—1000 Mark, modern 130—400 Mark.

Abbildung 60. Anatolischer Ladik-Teppich. Auf 100 qcm entfallen etwa 800—1100 Noppen. Meist in Größe von 1×1.60 m vorkommend. Die Teppiche dieser Art sind weich und schmiegsam, die Wolle glänzend und nicht langhaarig. Hauptsächlich in helleren roten, blauen oder grünen Farbentönen gehalten. Ladik-Teppiche in obiger Musterung sind seltener. Preis pro Stück antik 150—400 Mark, modern 60—120 Mark.

Farbige Tafel IV (vor **Seite 113**). Ladik-Teppich. Ein äußerst selten vorkommendes Dessin. Auf 100 qcm entfallen etwa 1080 Noppen. Größe 1.10×2.20 m. Diese Teppiche sind weich und schmiegsam, die Wolle glänzend und nicht sehr kurz.

Hauptfarben rot, grün, gelb, creme und blau. Preis pro Stück antik 500—1200 Mark, modern 150—600 Mark.

Farbige Tafel V (vor **Seite 121**). Kula-Gebet-Teppich. Im Handel sehr häufig irrtümlich als Ghiordes-Teppiche bezeichnet.

Abb. 57. Mudjur-Gebet-Teppich.

Auf 100 qcm entfallen etwa 900—1400 Noppen. Meist in Größe von 1.15×1.80 m vorkommend. Die Teppiche dieser Art, welche hauptsächlich in Kula erzeugt werden, sind im Griffe etwas spröde, die Wolle ist kurzhaarig und im Gegensatz zu anderen

Abb. 58. Kir-schihir-Gebet-Teppich.

anatolischen Gebet-Teppichen fast glanzlos. Hauptfarben rot und blau, creme sehr selten. Antike Stücke meist sehr beschädigt. Preis pro Stück antik 200—10000 Mark, modern 90—500 Mark. Kula-Gebet-Teppiche mit violettem Fond erzielen keine hohen Preise.

Abbildung 61. Kula-Gebet-Teppich. Im Handel auch als Friedhof-Teppich und sehr häufig irrtümlich als Ghiordes-Gebet-Teppich bezeichnet. Auf 100 qcm entfallen etwa 900 bis 1400 Noppen. Meist in Größe von 1.15×1.80 m vorkommend.

Abb. 59. Ladik-Gebet-Teppich.

Die Teppiche dieser Art, welche hauptsächlich in Kula erzeugt werden, sind im Griffe etwas spröde, die Wolle ist kurzhaarig

Abb. 60. Anatolischer Ladik-Teppich.

Abb. 61. Kula-Gebet-Teppich.

Kula Gebetteppich.

(Text s. Seite 116.)

und im Gegensatze zu anderen anatolischen Gebet-Teppichen fast glanzlos. Hauptfarben rot und blau, creme sehr selten.

Abb. 62. Kis-(Mädchen-)Ghiordes-Teppich.

Die Zeichnung im Fond stellt einen Laubbaum, eine Cypresse und eine Grabstätte dar; daher die Bezeichnung „Friedhof-

Abb. 63. Ghiordes-Gebet-Teppich.

Abb. 64. Anatolischer Kilim-Gebet-Teppich.

Abb. 65. Anatolischer Saph- oder Familien-Gebet-Teppich.

Teppich". Preis pro Stück antik 200—10000 Mark, modern 90 bis 500 Mark.

Abbildung 62. Kis- (Mädchen-) Ghiordes-Teppich. Teppiche mit diesem Dessin werden im Orient an Bräute verschenkt. Auf 100 qcm entfallen 900—1400 Noppen. Meist in Größe von 1.15×1.80 m vorkommend. Teppiche dieser Art sind im Griffe etwas spröde, die Wolle ist kurzhaarig und fast glanzlos. Hauptfarben creme und blau. Preis pro Stück antik 200 bis 2000 Mark, modern 90—500 Mark.

Abbildung 63. Ghiordes-Gebet-Teppich. Auf 100 qcm entfallen etwa 1000—1600 Noppen. Meist in Größe von 1.30×2 m vorkommend. Teppiche dieser Art sind im Griffe etwas spröde, die Wolle ist kurzhaarig und wenig glänzend. Hauptfarben rot, blau, grün. Weiß als Hauptfondfarbe kommt selten vor. Die Teppiche sind die feinsten und schönsten Erzeugnisse der türkisch-anatolischen Teppich-Hausindustrie. Preis pro Stück antik 800—15000 Mark, modern 300 bis 600 Mark.

Abbildung 64. Anatolischer Kilim-Gebet-Teppich. Diese Teppiche sind nicht teppichartig geknüpft, sondern flach (mattenartig) gewebt; da sie dadurch dünn, weich und fast doppelseitig sind, so wird die Bezeichnung als „Kilim-Decke“ für diese Art oft angewendet. Diese Teppiche, welche etwa 1.30×1.70 m groß und bunt vielfarbig sind, werden hauptsächlich von den Bergvölkern aus der Gegend von Erzerum hergestellt. Preis pro Stück antik 150—400 Mark, modern 50—100 Mark.

Abbildung 65. Anatolischer Saph- oder Familien-Gebet-Teppich. Auf 100 qcm entfallen etwa 800—1100 Noppen. Meist in Größe von 1.10×3.50 m vorkommend. Die Teppiche dieser Art sind weich und schmiegsam, die Wolle oft glänzend, ist nicht sehr langhaarig. Diese Erzeugnisse stellen mehrere

Abb. 66. Darstellung des „Lebensbaum“ an einem Brunnen in Konstantinopel, ähnlich wie auf Gebet-Teppichen.

Gebet-Teppiche in einem Teppich vereint geknüpft dar, daher der Name Saph- oder Familien-Gebet-Teppich. Die Fondfarben der einzelnen Felder wechseln in den Farben rot, blau, grün, gelb und weiß ab. Preis pro Stück antik 300—700 Mark, modern 150—300 Mark.

Abbildung 66. Ein Brunnen in Konstantinopel, an welchem links und rechts vom Mittelstücke aus, ganz in der Weise eines Gebet-Teppichs, der „Lebensbaum“ dargestellt erscheint.

Abbildung 67. Yakschibeydir-(Köhler-)Gebet-Teppich — auch als Pergamo-Gebet-Teppich bezeichnet. Auf 100 qcm entfallen etwa 800—1000 Noppen. Meist in Größe von 0.80×1.20 m vorkommend. Die Teppiche dieser Art, welche in der Umgebung von Pergamo erzeugt werden, sind weich und schmiegsam, die Wolle häufig sehr dicht und hochwollig. Hauptfarben meist dunkelblau oder dunkelrot, die Farben in der Zeichnung ebenfalls sehr dunkel gehalten; daher die Bezeichnung „Yakschibeydir“-

Abb. 67. Jakschibeydir-Gebet-Teppich.

(Köhler-) Teppiche. Preis pro Stück antik 100—500 Mark, modern 40—100 Mark.

Abbildung 68. Anatolischer Teppich. Im Handel auch als „Sultan-Teppich“ bezeichnet. Auf 100 qcm entfallen etwa 700—1000 Noppen. Meist in Breite von 0.80—1.10 m und in Länge von 1—1.30 m vorkommend. Teppiche dieser Art sind weich und schmiegsam, die Wolle glänzend und langhaarig. Hauptfarben rot, gelb, blau und braun. Preis pro Stück antik 90—150 Mark, modern 55—90 Mark.

Abbildung 69. Pergamo-Teppich. Auf 100 qcm entfallen etwa 800—1200 Noppen. Meist in Größe von 0.80×1.10 m und

Abb. 68. Anatolischer Teppich.

1.20×1.70 m vorkommend. Die Teppiche dieser Art sind weich und schmiegsam, ziemlich langhaarig und glänzend. Hauptfarben meist dunkelkirschrot, dunkelblau, dunkelbraun und naturkamelhaarfarbig. In der Zeichnung häufig gelb und weiß. Preis pro Stück antik 100—500 Mark, modern 40—100 Mark.

Abbildung 70. Melas-Gebet-Teppich. Im Handel auch als anatolischer Gebet-Teppich bezeichnet. Auf 100 qcm entfallen etwa 900—1200 Noppen. Meist in Größe von 0.90×1.40 m vorkommend. Die Teppiche dieser Art werden in Melas und dessen Umgebung erzeugt, sind weich und schmiegsam, die Wolle ist meist stark glänzend und ziemlich kurz. Hauptfarbe meist fraiserot, die Borte vielfach gelb. Preis pro Stück antik 150—600 Mark, modern 70—200 Mark.

Abb. 69. Pergamo-Teppich.

Abbildung 71. Melas-Teppich. Auf 100 qcm entfallen etwa 900—1100 Noppen. Meist in Größe von 1×1.30 m vorkommend. Die Teppiche dieser Art werden in Melas im südlichen Kleinasien nahe der Westküste erzeugt, sind weich und schmiegsam, die Wolle ist meist sehr glänzend und nicht langhaarig. Die alten, jetzt sehr selten werdenden Teppiche sind

Anatolischer Teppich.

Abb. 70. Melas-Gebet-Teppich.

zumeist gestreift und in lebhaften Farben gehalten. Preis pro Stück antik 150—400 Mark, modern 50—100 Mark.

Abbildung 72. Anatolischer „Megri"-Teppich. Auf 100 qcm entfallen etwa 700—1000 Noppen. Meist in Größe von 1.25×2 m vorkommend. Die Teppiche dieser Art sind etwas weniger geschmeidig, die Wolle glänzend und nicht sehr kurz.

Abb. 71. Melas-Teppich.

Hauptfarben blau, gelb und rot. In der Zeichnung gelb vorherrschend. Preis pro Stück antik 200—400 Mark, modern 100—250 Mark.

Abbildung 73. Anatolischer Teppich. Im Handel wegen der lichten Fondfarbe auch als „Akteraï" (weißes Schloß) bezeichnet. Auf 100 qcm entfallen etwa 600—900 Noppen. Meist in kleineren quadratischen Formaten vorkommend. Diese Teppiche sind weich und schmiegsam, die Wolle ist sehr glänzend und ziemlich kurz. In der Zeichnung sind sie nahe verwandt mit den kaukasischen Teppichen. Hauptfarben weiß und gelb; die Zeichnung in dunklen Farben, oft auch schwarzbraun. Preis pro Stück antik 80—150 Mark, modern 40—90 Mark.

Abb. 72. Anatolischer Megri-Teppich.

Farbige Tafel VI (vor **Seite 129**) und **Abbildung 74.** Anatolischer Teppich. Im Handel auch als Mosul-, Yürük-, Kurden- oder Montagnard-Teppich bezeichnet. Auf 100 qcm entfallen etwa 600—900 Noppen. Meist in Größe von 1.20×2.80 m vorkommend. Die Teppiche dieser Art, welche meist von Gebirgsbewohnern erzeugt werden, sind schmiegsam, grobzottig und glänzend in der Wolle und an den Kanten fast ausnahmslos

Abb. 73. Anatolischer Teppich.

sehr ungleichmäßig. Hauptfarben sind hauptsächlich zimmtrot und dunkelblau. Gelb in der Zeichnung und Borde vorherrschend. Preis pro Stück antik 200—600 Mark, modern 150—200 Mark.

Abbildung 75. Anatolischer Yürük-Teppich. Im Handel irrtümlich auch als Daghestan- oder Kasak-Teppich bezeichnet. Auf 100 qcm entfallen etwa 750—1100 Noppen. Meist in Größe von 0.80×1.30 m, 1.20×1.90 m und 1.10×2.50 m vorkommend. Die Teppiche dieser Art sind weich und schmiegsam, die Wolle glänzend und nicht sehr kurz. Hauptfarben rot, blau, grün. In der Zeichnung weiß oder creme vorherrschend. Diese Teppiche sind zwar in der Zeichnung, jedoch nicht im Griffe mit den kaukasischen Erzeugnissen verwandt. Preis pro Stück antik 200—500 Mark, modern 60—200 Mark.

Abbildung 76. Anatolischer Yürük-Teppich. Im Handel irrtümlich auch als Daghestan- und Kasak-Teppich bezeichnet. Auf 100 qcm entfallen etwa 750—1100 Noppen. Meist in Größe von 0.80×1.30 m, 1.20×1.90 m und 1.10×2.50 m vorkommend. Die Teppiche dieser Art sind weich und schmiegsam, die Wolle glänzend und nicht sehr kurz. Hauptfarben rot, blau, grün. In der Zeichnung weiß oder creme vorherrschend. Diese Teppiche sind zwar in der Zeichnung, jedoch nicht im Griffe mit den kaukasischen Erzeugnissen verwandt. Preis pro Stück antik 200—500 Mark, modern 60—200 Mark.

Abb. 74.
Anatolischer Teppich.

Abb. 75. Anatolischer Yürük-Teppich.

Abb. 76. Anatolischer Yürük-Teppich.

B) KAUKASISCHE TEPPICHE

Die Teppicherzeugung der kaukasischen Landschaften hält zwar an der traditionellen Ornamentik fest, aber auch dort hat die große Nachfrage und die Einführung der Anilinfarbe zu einer bedeutenden Verschlechterung geführt.

Infolge der überaus mannigfaltigen Motive und der nahen Lage der Produktionsstätten zueinander, wodurch ein Zusammenschließen ursprünglich charakteristischer Details begünstigt wurde, ist es selbst für den guten Kenner heute oft schwer, die modernen kaukasischen Teppiche in bestimmte ornamentale Gruppen zu scheiden.

Eigentümlich bleibt den besseren kaukasischen Teppichen das bunte Aussehen und die harmonische Stimmung der Farben. Leider findet man bei den neuen Stücken immer einen oder den anderen Ton, welcher gänzlich verschossen erscheint und ein grelles Orangegelb.

Mit besonderer Vorliebe werden auch heute rein geometrische oder stilisierte vegetabilische Motive variiert und geometrische, mit stilisierten Tiergestalten ausgefüllte Raumteilungen verwendet.

Nach der geographischen Lage lassen sich die Erzeugungsstätten kaukasischer Teppiche in zwei Gruppen einteilen und zwar in eine nördlich und in eine südlich des Kaukasus gelegene.

Der Hauptsitz des nördlichen Produktionsgebietes ist die Stadt Derbent. Der moderne Derbent-Teppich kommt in verschiedenen Größen in den Handel und ist in hellen, jedoch nicht aufdringlichen Farben gehalten. Kette, Einschlag und Vließ sind aus Schafwolle — das letztere ziemlich hoch geschoren — die Knüpfung verhältnismäßig grob, es kommen im Durchschnitt ca. 1000 Knüpfungen auf 100 qcm.

Ein feinerer Teppich wird in dieser Provinz in Kuba erzeugt, nach welchem Orte er auch benannt wird.

Derbent bildet auch die Haupterzeugungsstätte der „Sumak"-Teppiche, deren Eigentümlichkeit darin besteht, daß sie kilimartig gewebt sind (s. S. 72, letzter Absatz). Unter allen kaukasischen Teppichen stehen die neuen Sumaks den älteren Stücken — sowohl was Sorgfalt in der Ausführung, als auch was die Schönheit der Farben anbetrifft — am weitesten nach. Die

Schirwan Teppich.

(Text s. Seite 138.)

Sumaks werden gewöhnlich in 170—200 cm Breite und 200—300 cm Länge erzeugt und mit Vorliebe als Diwanüberwürfe verwendet.

Eine Abart der sumakartigen Teppiche, welche sowohl nördlich als auch südlich des Kaukasus vorkommt, ist der „Silé"-Teppich. Dieser hat auch bei neuen Exemplaren die traditionelle S-förmige Konfiguration beibehalten.

Die in der südlichen Provinz Schirwan (Schirwahan) erzeugten Teppiche gehören zu den feinsten der kaukasischen Gruppe. Dieselben sind niedrig geschoren und haben ein glänzendes, weiches Vließ. Die Farbenzusammenstellung ist in der Regel eine sehr harmonische, die Knüpfung eine dichte — sie variiert zwischen 900—2000 Noppen auf 100 qcm. Die Schirwan-Teppiche, welche ebenfalls ganz aus reiner Schafwolle angefertigt werden, weisen meist ein längliches Format auf, sind aber selten über 200 cm breit. Die **Abbildungen 80, 81, 82, 83, 84** und **85** zeigen sechs sehr schön dessinierte „Schirwan"-Teppiche, wie sie im Handel öfters vorkommen.

Auch die südliche Provinz Karabagh ist gegenwärtig an der Teppicherzeugung stark beteiligt. Die ordinären Sorten führen den Namen der Provinz, die feineren sind nach der Stadt Gendjé (Elisabethpol) benannt. Letztere sind ziemlich langhaarig im Vließ aber weniger dicht geknüpft als die Schirwan-Teppiche. Sowohl die Karabaghs als auch die Gendjés werden nur in kleineren Formaten erzeugt, ein Unterschied in den Dimensionen ergibt sich nur dadurch, daß erstere etwas länger, letztere etwas breiter sind.

Die „Kasak"-Teppiche, gleichfalls aus dem südlichen Kaukasien stammend, haben ihre herkömmlichen Farben und Muster beibehalten und bilden auf dem heutigen Markte einen gesuchten Artikel. Die drei letztgenannten Teppichsorten sind ganz aus Schafwolle, deren Knüpfung bewegt sich zwischen 1000 bis 3000 Noppen auf 100 qcm.

Im Orte Schuscha und dessen Umgebung werden broschierte Teppiche, welche in Europa unter dem Namen „Verné" in den Handel gelangen, gewebt. Da sie sehr dünn und weich sind, werden sie meist als Überwürfe und Decken verwendet. Wie die

Abb. 77. Schirwan-Teppich.

Abbildungen 107 u. **108** zeigen, haben auch diese gewebten Teppiche rein kaukasische Dessins.

Die **Abbildungen 77** bis **108** veranschaulichen die am meisten vorkommenden Gattungen kaukasischer Teppiche. — **Motivblätter II—VI** (s. **Seite 228—232**) enthalten die fast nur in kaukasischen Teppichen am häufigsten vorkommenden Motive.

Abbildung 77. Schirwan-Teppich. Im Handel auch als Kuba-, Kabristan-, Talisch-, Gendje- und auch einfach als „Perser"-Teppich bezeichnet. Auf 100 qcm entfallen etwa 900—1300 Noppen. Meist in Größe von 1.10×2.70 m vorkommend. Die Teppiche dieser Art sind sehr kurz geschoren, ziemlich hart im Griffe, die Wolle ist wenig glänzend. Hauptfarben rot, blau, seltener creme. Preis pro Stück antik 300—700 Mark, modern 150—300 Mark.

Farbige Tafel VII (vor **Seite 137**). Schirwan-Teppich. Im

Handel auch als Kuba-, Kabristan-, Gendje-, Talisch- und auch einfach als Perser-Teppich bezeichnet. Auf 100 qcm entfallen etwa 900—1300 Noppen. Meist in Größe von 1.10×2.70 m vorkommend. Die Teppiche dieser Art sind sehr kurz geschoren, ziemlich hart im Griffe, die Wolle ist wenig glänzend. Hauptfarben rot, blau, seltener creme. Preis pro Stück antik 300—700 Mark, modern 150—300 Mark.

Farbige Tafel VIII (vor **Seite 145**) u. **Abbildung 78.** Schirwan-Teppich. Im Handel auch als Kuba-, Kabristan-, Talisch-, Gendje- und auch einfach als Perser-Teppich bezeichnet. Auf 100 qcm entfallen etwa 900 bis 1300 Noppen. Meist in Größe von 1.20×2.70 m vorkommend. Die Teppiche dieser Art sind sehr kurzhaarig, ziemlich hart im Griffe, die Wolle ist wenig glänzend. Hauptfarben rot, blau, seltener creme und gelb. Preise wie unter farbige Taf. VII.

Abbildung 79. Schirwan-Teppich. Im Han-

Abb. 78. Schirwan-Teppich.

del auch als Moghan-, Talisch-, Daghestan- und „Perser“-Teppich bezeichnet. Auf 100 qcm entfallen etwa 900—1300 Noppen. Meist in Größe von 1×2.30 m vorkommend. Die Teppiche dieser Art sind kurz geschoren, ziemlich hart im Griffe, die Wolle ist wenig glänzend. Hauptfarben dunkelblau, rot und creme. Preis pro Stück antik 300—700 Mark, modern 150—300 Mark.

Abb. 79. Schirwan-Teppich.

Abbildung 80. Schirwan-Teppich. Im Handel auch als Daghestan- und „Perser“-Teppich bezeichnet. Auf 100 qcm entfallen etwa 900—1300 Noppen. Meist in Größe von 1×1.50 m vorkommend. Die Teppiche dieser Art sind kurz geschoren, ziemlich hart im Griffe, die Wolle ist wenig glänzend. Hauptfarben dunkelblau, rot und creme. Preis pro Stück antik 250 bis 600 Mark, modern 80 bis 200 Mark.

Abbildungen 81—83. Schirwan-Teppiche. Im Handel auch als Daghestan-, Kasak- und „Perser“-Teppiche bezeichnet. Auf 100 qcm entfallen etwa 800—1200 Noppen. Meist in Größe von 0.90×1.60 m vorkommend. Die Teppiche dieser Art sind kurz geschoren, ziemlich hart im Griffe, die

Abb. 80. Schirwan-Teppich.

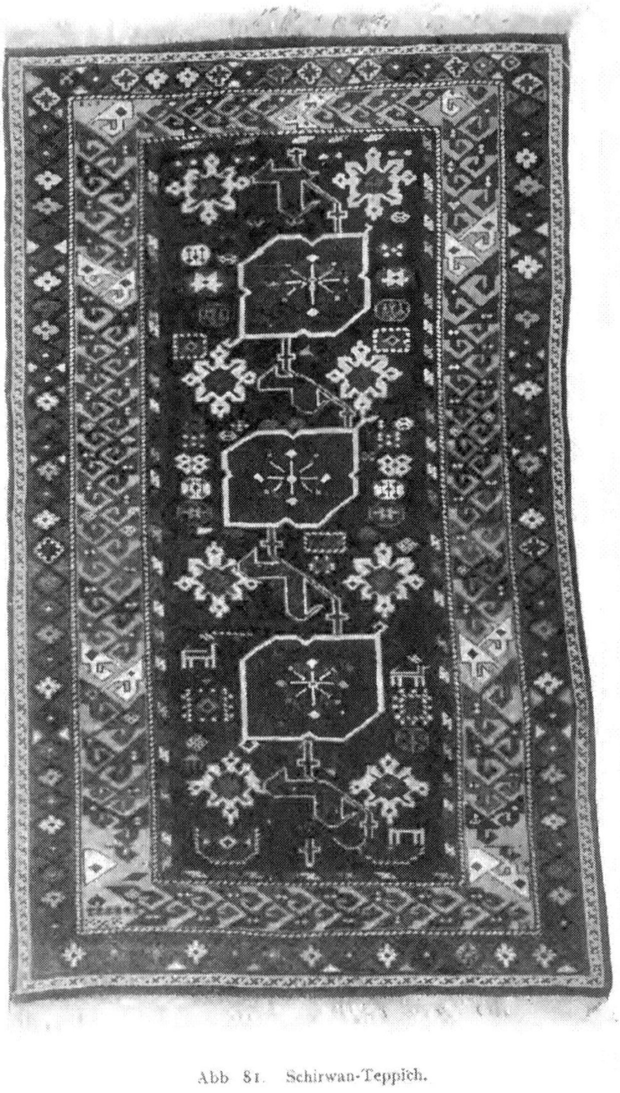

Abb 81. Schirwan-Teppich.

Abb 82. Schirwan-Teppich.

Wolle ist wenig glänzend. Hauptfarben dunkelblau und rot, seltener creme. Preis pro Stück antik 250–600 Mark, modern 80–200 Mark.

Abb. 83. Schirwan-Teppich.

Abbildung 84. Schirwan-Teppich. Im Handel auch als Daghestan-, Mekka- und „Perser"-Teppich bezeichnet. Auf 100 qcm

Schirwan Teppich.

(Text s. Seite 139.)

Abb. 84. Schirwan-Teppich.

entfallen etwa 1000—1500 Noppen. Die Teppiche dieser Art sind kurzhaarig, ziemlich hart im Griffe, die Wolle ist wenig glänzend. Obige Musterung ist selten zu finden. Meist in Größe von

Abb. 85. Schirwan-Teppich.

1.10×1.90 m vorkommend. Hauptfarben dunkelblau, seltener rot und creme. Preis pro Stück antik 300—600 Mark, modern 130—300 Mark.

Abbildung 85.

Schirwan-Teppich. Im Handel auch als Daghestan-, Mekka- und kurzweg „Perser"-Teppich bezeichnet. Auf 100 qcm entfallen etwa 800—1300 Noppen. Meist in Größe von 1.10×1.90 m vorkommend. Die Teppiche dieser Art sind kurzhaarig, etwas spröde im Griff, die Wolle ist wenig glänzend. Hauptfarbe dunkelblau, seltener rot und creme. Preis pro Stück antik 200—500 Mark, modern 80—200 Mark.

Abb. 86. Schirwan-Teppich.

Abbildung 86.

Schirwan-Teppich. Im Handel auch als Daghestan-, Baku- und kurzweg Perser-Teppich bezeichnet. Auf 100 qcm entfallen etwa 800—1300 Noppen. Meist in Größe von 1×1.60 m und 1.30×2.80 m vorkommend. Die Teppiche dieser Art sind kurzhaarig, etwas spröde im Griff, die Wolle ist wenig glänzend. Hauptfarbe blau oder rot, manchmal auch violett. Preis pro Stück antik 200—500 Mark, modern 80—200 Mark.

Abb. 87. Schirwan-Teppich.

Abb. 88. Schirwan-Teppich.

Abb. 89. Schirwan-Teppich.

Abbildung 87. Schirwan-Teppich. Im Handel auch als Mekka-, Daghestan-, Koltuk-, Kuba- und kurzweg Perser-Teppich bezeichnet. Auf 100 qcm entfallen etwa 800—1300 Noppen. Meist in Größe von 1×1.60 m und 1.30×2.80 m vorkommend. Die Teppiche dieser Art sind kurzhaarig, etwas spröde im Griff, die Wolle ist wenig glänzend. Hauptfarben blau und rot, manchmal auch violett. Preis pro Stück antik 200—500 Mark, modern 80—200 Mark.

Farbige Tafel IX (vor **Seite 153**). Schirwan-Teppich. Im Handel auch als Mekka- oder kurzweg Perser-Teppich bezeichnet. Auf 100 qcm entfallen etwa 900 bis 1400 Noppen. Meist in Größe von 1.30×2.80 m vorkommend. Die Teppiche dieser Art sind kurzhaarig, etwas spröde im Griff, die Wolle ist wenig glänzend. Hauptfarben blau und rot, seltener creme. Preis pro Stück antik 300—600 Mark, modern 130—300 Mark.

Abbildung 88. Schirwan-Teppich. Im Handel auch als Derbent-, Kuba-, Kasak- und Perser-Teppich bezeichnet. Auf 100 qcm

Abb. 90. Daghestan-Teppich.

Abb. 91. Daghestan-Teppich.

Schirwan Teppich.

(Text s. Seite 151.)

entfallen etwa 900—1400 Noppen. Meist in Größe von 1×1.60 m und 1.50×2.80 m vorkommend. Die Teppiche dieser Art sind kurzhaarig, etwas spröde im Griff, die Wolle ist wenig glänzend. Hauptfarben blau und rot, seltener creme. Preis pro Stück antik 300—600 Mark, modern 130—200 Mark.

Abbildung 89.

Schirwan-Teppich. Im Handel auch als Daghestan-, Mekka- und kurzweg Perser-Teppich bezeichnet. Auf 100 qcm entfallen etwa 900—1400 Noppen. Meist in Größe von 1×1.60 m und 1.50×2.80 m vorkommend. Die Teppiche dieser Art sind kurzhaarig, etwas spröde im Griff, die Wolle ist wenig glänzend. Hauptfarben blau und rot, selten creme. Preis pro Stück antik 300—600 Mark, modern 130—200 Mark.

Abb. 92. Daghestan-Teppich.

Abbildung 90.

Daghestan-Teppich. Im Handel auch als Karabagh-, Gendje-, Mosul- und kurzweg Perser-Teppich bezeichnet. Auf 100 qcm entfallen 800 bis 1500 Noppen. Meist in Größe von 0.95×1.30 m und 1.15×2.80 m vorkommend. Die Teppiche dieser Art sind hochwollig, im Griffe nicht sehr spröde und haben mitunter eine sehr glänzende Wolle. Hauptfarben: Die Streifen abwechselnd weiß, blau und rot, die Bordüre meist rot oder blau. Preis pro Stück antik 300—700 Mark, modern 150—300 Mark.

Abbildung 91. Daghestan-Teppich. Im Handel auch als Karabagh-, Kasak-, Kenguerlu- und kurzweg Perser-Teppich bezeichnet. Auf 100 qcm entfallen 750—1200 Noppen. Meist in Größe von 0.80×1.20 m und 1.30×2 m vorkommend. Die Teppiche dieser Art sind hochwollig, im Griffe nicht sehr spröde und haben mitunter eine sehr glänzende Wolle. Hauptfarben: Die Streifen abwechselnd weiß, blau und rot, die Bordüre meist rot oder blau. Preis pro Stück antik 300—700 Mark, modern 150—300 Mark.

Abbildungen 92 und **93.** Daghestan-Teppiche. Im Handel auch als Kasak-, Gendje-, Karabagh- und kurzweg Perser-Teppiche bezeichnet. Auf 100 qcm entfallen 750—1200 Noppen. Meist in Größe von 0.80×1.20 m, 1.15×2.80 m und 1.30×2 m vorkommend. Die Teppiche dieser Art sind hochwollig, im Griffe nicht sehr spröde und haben mitunter eine sehr glänzende Wolle. Hauptfarben meist rot und blau, seltener weiß oder grau, Bordüre in der Regel creme. Preis pro Stück antik 300—700 Mark, modern 150—300 Mark.

Abbildungen 94 und **95.** Kasak-Teppiche. Im Handel auch als Daghestan-, Gendje- und kurzweg Perser-Teppiche bezeichnet. Auf 100 qcm entfallen 750—1200 Noppen. Meist in Größe von 0.80×1.20 m, 1.15×2.80 m und 1.30×2 m vorkommend. Die Teppiche dieser Art sind meist dick und hochwollig und haben mitunter einen starken Glanz. Farben hauptsächlich rot und blau, seltener grün. Bordüre in der Regel creme. Preis pro Stück antik 300—700 Mark, modern 150—300 Mark.

Abbildung 96. Kasak-Teppich. Im Handel auch als Gendje-, Karabagh- und kurzweg Perser-Teppich bezeichnet. Auf 100 qcm entfallen etwa 750—1200 Noppen. Meist in Größe von 0.80×1.20 m, 1.15×2.80 m und 1.30×2 m vorkommend. Die Teppiche dieser Art, welchen das sogenannte — den Tartarenarbeiten charakteristische — Waffen- oder Spinnenmuster eigentümlich ist, sind meist dick und hochwollig und haben mitunter einen starken Glanz. Hauptfarben rot oder blau, die Innenfelder der Medaillons in der Regel weiß. Preis pro Stück antik 300—700 Mark, modern 150—300 Mark.

Abbildung 97. Kasak-Teppich. Im Handel auch als Daghestan-, Gendje- und kurzweg Perser-Teppich bezeichnet. Auf 100 qcm entfallen 750—1200 Noppen. Meist in Größe von 1.50×2 m vor-

Abb. 93. Daghestan-Teppich.

Abb. 94. Kasak-Teppich.

kommend. Die Teppiche dieser Art sind meist dick und hochwollig und haben oft einen starken Glanz. Hauptfarben rot und blau, seltener creme oder grün, Bordüre meist creme. Preis pro Stück antik 300—700 Mark, modern 150—300 Mark.

Abb. 95. Kasak-Teppich.

Abbildungen 98, 99 und **100.** Kasak-Teppiche. Im Handel auch als Daghestan-, Gendje-, Derbent- und kurzweg Perser-Teppiche bezeichnet. Auf 100 qcm entfallen 750—1200 Noppen. Meist in Größe von 0.80×1.20 m, 1.15×2.80 m und 1.30×2 m vorkommend. Die Teppiche dieser Art sind meist dick und hochwollig und

Abb. 96. Kasak-Teppich.

haben oft einen starken Glanz. Hauptfarben rot und blau, seltener creme oder grün, Bordüre meist creme. Preis pro Stück antik 300—700 Mark, modern 150—300 Mark.

Abb. 97. Kasak-Teppich.

Abbildungen 101, 102 und 103. Kasak-Teppiche. Im Handel auch als Daghestan-, Schirwan-, Gendje- und kurzweg Perser-

Abb. 98. Kasak-Teppich.

Abb. 99. Kasak-Teppich.

Teppiche bezeichnet. Auf 100 qcm entfallen 750—1200 Noppen. Meist in Größe von 0.80×1.20 m, 1.15×2.80 m und 1.30×2 m vorkommend. Die Teppiche dieser Art sind meist dick und

Abb. 100. Kasak-Teppich.

hochwollig und haben oft einen starken Glanz. Hauptfarben rot und blau, seltener creme oder grün, Bordüre meist creme. Preis pro Stück antik 300—700 Mark, modern 150—300 Mark.

Abb. 101. Kasak-Teppich.

Abbildung 104. Derbent-Teppich. Im Handel auch kurzweg als Perser-Teppich bezeichnet. Auf 100 qcm entfallen 700—900

Abb. 102. Kasak-Teppich.

Abb. 103. Kasak-Teppich.

Noppen. Meist in Größe von 1.50×3.20 m vorkommend. Die Teppiche dieser Art sind weich und schmiegsam, die Wolle ist

Abb. 104. Derbent-Teppich.

ziemlich langhaarig und oft sehr glänzend. Hauptfarben blau, rot, seltener creme. Antike Stücke dieser Art sind sehr selten. Preis pro Stück modern 200—500 Mark.

Abb. 105. Sumak-Teppich.

Abbildung 105. Sumak-Teppich. Im Handel auch kurzweg als Perser-Teppiche bezeichnet. Da diese Teppiche auf der Rückseite zottig verknotet sind, so erscheint ihre Oberfläche nicht plüschartig, sondern flach gewirkt. Die Teppiche dieser Art, welche besonders in der Provinz Derbent erzeugt werden, sind hauptsächlich dunkel indischrot, in der Zeichnung ist oft viel Gelb.

Abb. 106. Silé-Teppich.

Meist in Größe von 1.70×2 m und 2×3 m, seltener 2.50×3.50 m vorkommend. Preis pro Stück antik 500—1500 Mark, modern 180—800 Mark.

Abbildung 106. Silé-Teppich. Auch diese Teppichgattung ist nicht geknüpft, sondern flach-mattenartig gewebt. Da sie

Abb. 107. Verné-Teppich.

Abb. 108. Karadagh-Teppich.

dadurch dünn, weich und fast doppelseitig ist, so wäre hier die Bezeichnung „Decke" ebenfalls am Platze — um so mehr, als diese Silé-Teppiche fast ausschließlich als Tischdecken und zu ähnlichen Zwecken verwendet werden. Diese Teppiche, welche meist nur in Größe von 1.25×1.70 m vorkommen, haben in der Regel Indischrot, Creme und Gelb als Hauptfarben und bestehen oft aus zwei Stücken, welche zusammengenäht werden. Preis pro Stück antik 150—400 Mark, modern 50—100 Mark.

Abbildung 107 und **108.** Verné-Teppiche. Diese sind ebenfalls nicht geknüpft, sondern flach mattenartig gewebt. Da sie dadurch dünn, weich und fast doppelseitig sind, so wäre auch hier die Bezeichnung „Decke" am Platze, um so mehr, als auch die Verné-Teppiche fast ausschließlich als Tischdecken und zu ähnlichen Zwecken verwendet werden. Diese Teppiche, welche meist nur in Größe von 1.25×1.70 m vorkommen, haben in der Regel Indischrot, Creme und Gelb als Hauptfarbe. Preis pro Stück antik 150—400 Mark, modern 50—100 Mark.

C) PERSER-TEPPICHE

Auch in Persien ist die Teppicherzeugung durch europäische Kaufleute stark beeinflußt. Noch bevor Niederlassungen europäischer Handelshäuser in mehreren teppichproduzierenden Gegenden den fabrikmäßigen Betrieb etablierten und dadurch — wie wir weiter unten ausführen werden — zu einer kaum glaublichen Verschlechterung der Ware beitrugen, drang der Ruf der Pracht der Anilinfarben auch nach Persien. Sie dienten jedoch nicht lange zum Färben der Wolle, da man an höchster Stelle in ihnen eine Gefahr für die gesamte persische Teppichindustrie zu erblicken glaubte und der Schah verbot strenge deren Verwendung.

Die Farbenverschlechterung der neuen persischen Teppiche bleibt dennoch Tatsache, nur liegt der Grund darin, daß man heute schneller und höchst oberflächlich färbt.

Als die Perser-Teppiche — besonders die Sorte „Ferahan" — auf dem europäischen Markte in größeren Mengen Eingang gefunden hatten, bemächtigte sich ihrer Erzeugung die Spekulation. Um der immer steigenden Nachfrage zu genügen, wurde jede Sorgfalt außer acht gelassen und manche Sorten, welche in früheren Jahren tadellos und sehr gesuchte Produkte des Hausfleißes waren, sanken nach und nach auf das Niveau ordinärster Marktware. Die dichtgeknüpften Ferahans mit dem prächtigen Stahlblau sind heute vom Markte verschwunden.

Traurige wirtschaftliche Verhältnisse trugen auch das ihrige bei, um die Produktion einzelner Provinzen ungünstig zu beeinflussen, ja sogar ganz zugrunde zu richten, wie in Dschuschegan, wo einst Teppiche erzeugt wurden, welche zu den besten und geschmackvollsten Persiens gehörten.

Einige andere, neu auftretende gröbere und auch sehr feine Sorten stehen hingegen auf einer hohen Vollendungsstufe und lassen hoffen, daß sich die persische Teppichindustrie trotz des Niederganges in den letzten Jahrzehnten zu neuer Blüte emporschwingen werde.

Die heute auf den europäischen Markt gelangenden modernen Perser lassen sich nach Provinzen, in welchen sie erzeugt werden, in sechs große Gruppen einteilen, welche wir nachstehend gesondert besprechen werden.

a) AZERBEIDSCHAN

Im Karadagh, das ist jener Distrikt, welcher im Norden an Kaukasien grenzt, werden Teppiche erzeugt, die den Karabagh-Teppichen in Qualität und Musterung sehr ähnlich sind. Die Knüpfung ist meist grob, das Vließ hoch und glänzend. Charakteristisch für den Karadagh (s. **Abbildung 109**) ist ein eigentümliches Rot, welches mit Vorliebe verwendet wird. Die Grundfarbe ist in der Regel die Naturfarbe des Kamelhaares.

In der Umgebung der Stadt Täbris wird in neuerer Zeit eine Teppichsorte erzeugt, welche sich den Ruf erwarb, zu den schönsten und feinstgeknüpften modernen Persern zu gehören. Wenngleich der Täbris in europäischen Dimensionen und zwar 3×4, 4×5 und 5×7 m hergestellt wird, so steht seine Farbenstellung, Musterung und Knüpfung den guten, alten Erzeugnissen nicht nach. Kette und Einschlag sind aus Baumwolle, das äußerst kurz geschorene Vließ aus guter Schafwolle. Die Knüpfung ist sehr dicht — es entfallen 3000—4000 Noppen auf 100 qcm. Der Täbris, welcher meist in ruhigen, harmonischen

Farben gehalten ist, wird durch die **Abbildung 114** veranschaulicht.

Auch im Verwaltungsbezirk Görawan, welcher 7—8 Wegstunden von der Stadt Täbris entfernt liegt, werden neue Perser-Teppiche unter europäischem Einflusse erzeugt. Der bekannteste derselben kommt unter dem Namen Yoraghan auf den Markt. Diese Sorte ist allerdings sehr grob geknüpft, es entfallen ca. 500—600 Noppen auf 100 qcm, sie zeichnet sich aber durch die in der Regel gut abgestimmten Farben aus. Ein angenehmes Kupferrot ist meist vorherrschend, daneben wird mit Vorliebe creme und dunkelblau verwendet. Kette und Einschlag bestehen aus Baumwolle, die Knüpfung aus verhältnismäßig langgeschorener Schafwolle. Der Yoraghan wird meist in größeren, den europäischen Raummassen entsprechenden Formaten erzeugt. Eine feinere Art „Yoraghan"-Teppiche wird nach der Ortschaft „Heris" benannt.

b) FERAHAN

Wie oben erwähnt, sind der eigentliche Ferahan und der Dschuschegan, welcher ebenfalls in diese Gruppe gehört, vom Markte verschwunden. Von den dieser Provinz meist eigentümlichen, sehr geschätzten Teppichsorten hat sich nur der „Serabend" bis heute erhalten.

Der Serabend hat nach wie vor das Palmwipfel-Motiv in verschiedenen Variationen als Fondmuster, doch sind heute Exemplare in reiner Ausführung ziemlich selten. Auch kommt bei den modernen Stücken das früher mit Vorliebe verwendete Herati-Muster in der Bordüre weniger häufig vor.

Kette und Einschlag des modernen Serabend sind aus Baumwollgarn, das kurzgeschorene Vließ aus Schafwolle. Feinere — immer seltener vorkommende Stücke weisen zwar bis zu 5000 Knüpfungen auf 100 qcm auf, die gewöhnliche Marktware hat deren jedoch nur 1000—1500. Der Serabend kommt in allen in Europa gebräuchlichen Größen vor.

Im Arak-Irani — zwischen den Städten Hamadan und Teheran gelegen — sind zwei Verwaltungsbezirke, welche moderne Perser-Teppiche erzeugen. Die häufiger vertretene Sorte, welche sich in kurzer Zeit den Ruf eines guten Gebrauchs-Teppichs erwarb, ist nach dem Verwaltungsbezirk „Muschkabad", die bedeutend feinere, seltenere Sorte nach dem Verwaltungsbezirke „Saruk" benannt.

Der „Muschkabad"-Teppich erinnert in seiner Musterung vielfach an den alten Ferahan. Wie bei diesem ist der Fond des Muschkabad mit mehr oder weniger dichten Rankensystemen besät, die Bordüre enthält nicht selten das Herati-Muster. Mit der Feinheit des alten Ferahans läßt sich die Musterung des Muschkabad allerdings nicht vergleichen, doch sind wenigstens die Farben dieses neuen Teppichs meist harmonisch abgetönt. Als Fondfarbe wird gewöhnlich ein lichtes Kupferrot genommen. Die Knüpfung ist grob — es entfallen ca. 600—700 Noppen auf 100 qcm — das Vließ weich und ziemlich hoch. Kette und Einschlag sind aus Baumwolle, die Knüpfung Schafwolle. Der „Muschkabad"-Teppich wird in den Größen 2×3, 2,50×3,50, 3×4, 3,50×4,50 und 4×5 m erzeugt.

Zum Unterschied vom Muschkabad fühlt sich der dichtgeknüpfte und kurzgeschorene „Saruk"-Teppich hart an. Die Musterung bedeckt ebenfalls den ganzen Fond, ist meist zart und hält sich an traditionelle, persische Motive. Als Fondfarben werden Creme, Blau und Kupferrot verwendet. Die Farbenzusammenstellung wirkt sehr harmonisch. Kette und Einschlag sind aus Baumwolle, die dichte Knüpfung — es entfallen ca. 2500—3500 Noppen auf 100 qcm — aus feiner Schafwolle. Der Saruk-Teppich wird in verschiedenen, meist großen Formaten erzeugt.

c) KURDISTAN

In der Provinz Kurdistan ist es der Verwaltungsbezirk Ardilân, welcher das Hauptkontingent an Teppichen für den europäischen Markt liefert. Die nach dem Hauptorte dieses Bezirkes Senné (Sinneh) benannte Teppichsorte ist die feinste, welche gegenwärtig in Persien erzeugt wird. Die traditionelle Zeichnung des Senné litt zwar ebenfalls unter europäischem Einflusse, so daß man heute die rautenförmige oder die schalförmige Musterung selten rein findet, doch weisen auch die modernen Stücke meist eine ungemeine Zartheit in der Dessinierung auf.

Die hervorstechendste Eigenschaft des neuen Senné-Teppichs ist dessen außerordentliche Dichte, in welcher er älteren Stücken nicht nachsteht. Unter 3000 Knüpfungen auf 100 qcm sinkt diese Sorte selten, sie erreicht aber manchmal die Zahl 7000. Die Kette ist immer aus Baumwolle, der Einschlag gewöhnliche, das kurzgeschorene Vließ feinste Schafwolle. Seltener kommen Stücke in den Handel, deren Kette und Einschlag mit Schabseide gemengt sind, wodurch dieselben eine fast unbegrenzte Dauerhaftigkeit erlangen. Infolge der Dichte ist beim Senné die Musterung auch auf der Rückseite mit allen Details sichtbar. Die feinen Senné-Teppiche sind selten breiter als 150 und länger als 200 cm, gröbere Stücke werden auch in größeren Dimensionen erzeugt.

d) KHORASSAN

Der heutige „Khorassan"-Teppich hat wenig von den guten Eigenschaften, welche er noch bis zur Mitte des vorigen Jahrhunderts besaß, in die Gegenwart gerettet. Besonders der Verwaltungsbezirk Khain, der nicht allein wegen der Schönheit seiner Erzeugnisse berühmt war, leistet heute in grellen oft unechten Farben und stilwidriger Musterung bedeutendes. Auch die Qualität läßt manches zu wünschen übrig, obzwar sich in dieser Beziehung in neuerer Zeit eine Wendung zum besseren bemerkbar macht.

Der moderne „Khorassan"-Teppich ist meist auf baumwollener Kette mit ebensolchem Einschlag in Schafwolle geknüpft, die Zahl der Knüpfungen beträgt 1400—2500 auf 100 qcm. Das Vließ ist ziemlich lang und hat einen atlasartigen Glanz. Die Hauptfarben sind Blau und Rosa. Die modernen Khorassans sind gewöhnlich 200—225 cm breit und 400—450 cm lang. In den letzten Jahren werden übrigens auch die größeren europäischen Dimensionen erzeugt.

Im Verwaltungsbezirk Biredschend an der afghanischen Grenze wird gegenwärtig eine Teppichsorte angefertigt, welche von ausgezeichneter Dichtigkeit ist, so daß 3000—5000 Knüpfungen auf 100 qcm entfallen. Trotzdem sich die Oberfläche des kurzgeschorenen Vließes weich anfühlt, ist der „Biredschend" sehr spröde und wenig schmiegsam. Neben anderen Zeichnungen hat diese Sorte oft das Schalmuster. Weiß wird als Fondfarbe mit besonderer Vorliebe verwendet. Die Biredschend werden in der Regel in kleineren Formaten als die eigentlichen Khorassan-Teppiche erzeugt.

e) KIRMAN

Was bezüglich der Khorassan-Teppiche einleitend gesagt wurde, gilt in womöglich erhöhtem Maßstabe von den Teppichen der Provinz „Kirman". Ein naturalistischer Zug läßt die dortigen Produzenten neue Motive erfinden, welche bei einem persischen Teppich befremdend — um nicht zu sagen abstoßend — wirken. Wie beim Biredschend dient das durch übermäßige Bleiche gewonnene Weiß häufig als Fondfarbe, wo es im Verein mit anderen grellen Farben sehr unruhig wirkt. In neuerer Zeit ist jedoch auch in dieser Provinz eine Neigung zur Umkehr in solidere Bahnen zu verzeichnen. Die **Abbildungen 129** und **130** stellen zwei sorgfältiger gearbeitete, seltener vorkommende Kirman-Teppiche dar, welche sich an traditionelle, persische Muster anlehnen.

Die Knüpfung des modernen Kirman, welcher in allen europäischen Dimensionen erzeugt wird, enthält ca. 3000—4000 Noppen auf 100 qcm. Kette und Einschlag sind aus Baumwolle, das Vließ aus einer vorzüglichen Wolle, welche von einer weißen, in dieser Provinz vorkommenden Ziegenart stammt.

f) KASCHKAI

Dem Kaschkai-Teppich gebührte einst neben dem Senné der erste Platz, welchen ihm einige der neuen Sorten heute streitig machen. Er kommt am häufigsten unter dem Namen „Mekka" in den Handel, doch sind daneben auch die Bezeichnungen „Schiras" und „Kirmanschah" gebräuchlich. Da die Provinz Kaschkai sehr ausgedehnt ist, so weisen diese Teppiche mannigfaltige Qualitäten auf.

Das Festhalten an alten, meist phantastischen Motiven ist allen modernen Kaschkaiteppichen gemein.

Obzwar die Provinz auch gegenwärtig eine sehr feine Schafwolle im Überfluß hat, ist der Rückgang in der Qualität der neuen Stücke gegenüber den berühmten alten „Schiras"- und

Hamadan Teppich.

(Text s. Seite 182.)

„Mekka"-Teppichen ein bedeutender. Die Ware, welche heute auf den Markt gelangt, ist schütter geknüpft — es entfallen ca. 700—1500 Noppen auf 100 qcm. Kette und Einschlag sind meist aus gröberer, das langgeschorene, glänzende Vließ aus besserer Schafwolle.

Abb. 109. Karadagh-Teppich.

Abb. 110. Karadagh-Teppich.

Abbildungen 109—133 veranschaulichen die am meisten vorkommenden Gattungen persischer Teppiche. **Motivblatt VII**

Abb. 111. Karadagh-Teppich.

(s. **Seite 233**) enthält die fast nur in persischen Teppichen am häufigsten vorkommenden Motive.

Abbildungen 109 und **110**. Karadagh-Teppiche. Im Handel auch als Ferahan-, Karabagh-, Schiras- und kurzweg

Abb. 112. Karadagh-Teppich.

Perser-Teppiche bezeichnet. Auf 100 qcm entfallen etwa 800 bis 1500 Noppen. Meist in Größe von 0.90×1.60 m, 1.30×1.90 m

Abb. 113. Hamadan-Teppich.

und 1.40×3 m vorkommend. Die Teppiche dieser Art, welche lappig und weich im Griffe sind, haben eine kurzgeschorene, wenig glänzende Wolle. Hauptfarbe meist weinrot, Bordüre schwarz. Preis pro Stück antik 200—500 Mark, modern 60 bis 200 Mark.

Abbildung 111. Karadagh-Teppich. Im Handel auch Ferahan-, Karabagh-, Schiras- und kurzweg Perser-Teppich bezeichnet. Auf 100 qcm entfallen etwa 800—1500 Noppen. Meist in Größe von 0.90×1.60 m, 1.30×1.90 m und 1.40×3 m vorkommend. Die Teppiche dieser Art sind meist lappig und weich im Griffe und haben eine kurz geschorene, glänzende Wolle. Hauptfarben blau, rot und creme. Preis pro Stück antik 400—1000 Mark, modern 120—400 Mark.

Abbildung 112. Karadagh-Teppich. Im Handel auch als Ferahan-, Karabagh-, Schiras- und kurzweg Perser-Teppiche bezeichnet. Auf 100 qcm kommen etwa 800—1500 Noppen. Meist in Größe von 0.90×1.60 m, 1.30×1.90 m und 1.40×3 m vorkommend. Die Teppiche dieser Art, welche lappig und weich im Griffe sind, haben eine kurz geschorene, wenig glänzende Wolle. Hauptfarben blau, rot und creme. Preis pro Stück antik 200—500 Mark, modern 60—200 Mark.

Abbildung 113. Hamadan-Teppich. Im Handel auch als Kirman- und kurzweg Perser-Teppich bezeichnet. Auf 100 qcm entfallen 500—600 Noppen. Meist in Größe von 1.40×3.50 m und 2×5 m vorkommend. Die Teppiche dieser Art, welche etwas spröde im Griff sind, haben eine dichte, glänzende Wolle. Hauptfarben dunkeldrap, rot und blau, Bordüre gelb und blau. Preis pro Stück antik 400—1000 Mark, modern 250—500 Mark.

Farbige Tafel X (vor **Seite 177**). Hamadan-Teppich. Im Handel auch als Kamelhaar- und kurzweg Perser-Teppich bezeichnet. Auf 100 qcm entfallen 500—600 Noppen. Meist in Größe von 1.30×4.50 m vorkommend. Die Teppiche dieser Art sind im Griff hart und spröde und haben eine sehr dichte und hohe Wolle. Hauptfarben dunkeldrap (Kamelhaar), rot und blau. Preis pro Stück antik 400—1000 Mark, modern 250—500 Mark.

Abbildung 114. Täbris-Teppich. Im Handel auch kurzweg Perser-Teppich bezeichnet. Auf 100 qcm entfallen 3000 bis 4000 Noppen. Meist in Größe von 2.50×3.50 m, 3×4 m, 3.50×4.50 m,

4.30×6.50 m und größer vorkommend. Die Teppiche dieser Art sind sehr dünn, kurz geschoren und wenig glänzend; sie gehören

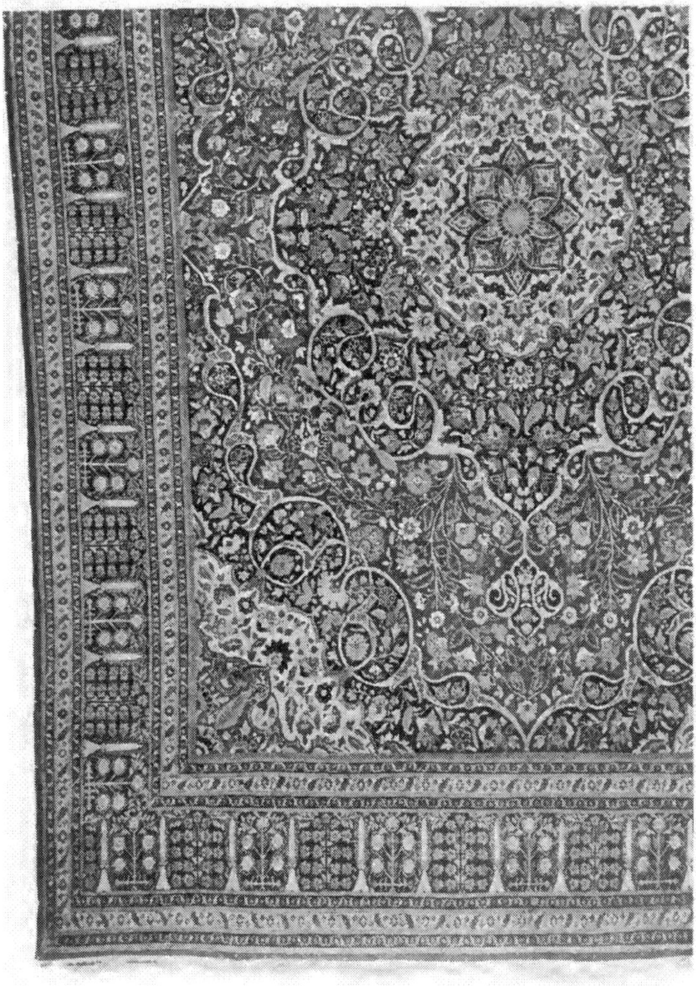

Abb. 114. Täbris-Teppich.

Abb. 115. Yoraghan-Teppich.

Muschkabad Teppich.

(Text s. Seite 186.)

Abb. 116. Ferahan-Teppich.

zu den schönsten Erzeugnissen moderner Teppichknüpfkunst. Hauptfarben meist rot, blau und grün. Sehr harmonisch wirkende Farbentöne in der Zeichnung. Preis pro qm 100—200 Mark.

Abbildung 115. Yoraghan-Teppich. Im Handel auch kurzweg Perser-Teppich bezeichnet. Auf 100 qcm entfallen 500 bis 600 Noppen. Meist in Größe von 3.20×4.50 m vorkommend. Die Teppiche dieser Art sind sehr hart im Griff und haben eine dichte, langgeschorene, glanzlose Wolle. Hauptfarben creme, rot und blau, Zeichnung in derben Farbentönen. Preis pro 2 m 60—100 Mark.

Abbildung 116. Ferahan-Teppich. Im Handel auch kurzweg mit Perser-Teppich bezeichnet. Auf 100 qcm entfallen etwa 1000—2000 Noppen. Die Teppiche dieser Art sind dicht, ziemlich kurzgeschoren; die Wolle ist bei älteren Stücken schön glänzend. Hauptfarben tief dunkelblau, seltener rot und grün. Antike Stücke kommen meist in Größe von 1.30×3 m vor und kosten pro Stück 250—700 Mark, moderne Stücke haben hauptsächlich die Größe von 2.50×3.50 m, 3×4 m und 3.50×4.50 m und kosten pro qm 50—80 Mark.

Farbige Tafel XI (vor **Seite 185**) und **Abbildung 117.** Muschkabad-Teppiche. Im Handel auch kurzweg als Perser-Teppiche bezeichnet. Auf 100 qcm entfallen 600—700 Noppen. Meist in Größe von 3×4 m, 3.50×4.50 m und 4×6 m vorkommend. Die Teppiche dieser Art sind weniger dicht und kurzgeschoren, die Wolle ist etwas glänzend. Hauptfarben dunkelblau, rot und creme. Preis pro qm 40—60 Mark.

Abbildung 118. Saruk-Teppich. Im Handel auch kurzweg als Perser-Teppich bezeichnet. Auf 100 qcm entfallen etwa 2500—3500 Noppen. Meist in Größe von 1.80×3 m, 3×4 m und 3.50×5.50 m vorkommend. Die Teppiche dieser Art sind sehr dicht, kurzgeschoren, die Wolle ist wenig glänzend. Hauptfarbe creme, blau und kupferrot. Auch diese Art gehört zu den schönsten Erzeugnissen moderner Teppichknüpfkunst. Preis pro qm 150—250 Mark.

Abbildungen 119 und **120.** Serabend-Teppiche. Im Handel auch als Ferahan-, Schiras-, Mekka- und kurzweg Perser-Teppiche bezeichnet. Auf 100 qcm entfallen 1500—2500 Noppen. Meist in Größe von 0.80×1.30 m, 1.30×2.60 m, 1.60×2.20 m und

1.80×4.50 m vorkommend. Die Teppiche dieser Art sind dicht, grobwollig, ziemlich kurzgeschoren. Ältere Stücke haben einen

Abb. 117. Muschkabad-Teppich.

schönen Glanz. Hauptfarben dunkelblau, rot und creme. Preis pro Stück antik 200—1000 Mark, modern 50—300 Mark.

Abb. 118. Saruk-Teppich.

Abb. 119. Serabend-Teppich.

Abb. 120. Serabend-Teppich.

Farbige Tafel XII (vor **Seite 193**). Dschuschegan-Teppich. Wird auch als Ispahan- und Schah-Abbas-Teppich bezeichnet. Auf 100 qcm entfallen 1500—2500 Noppen. Meist in Größe von

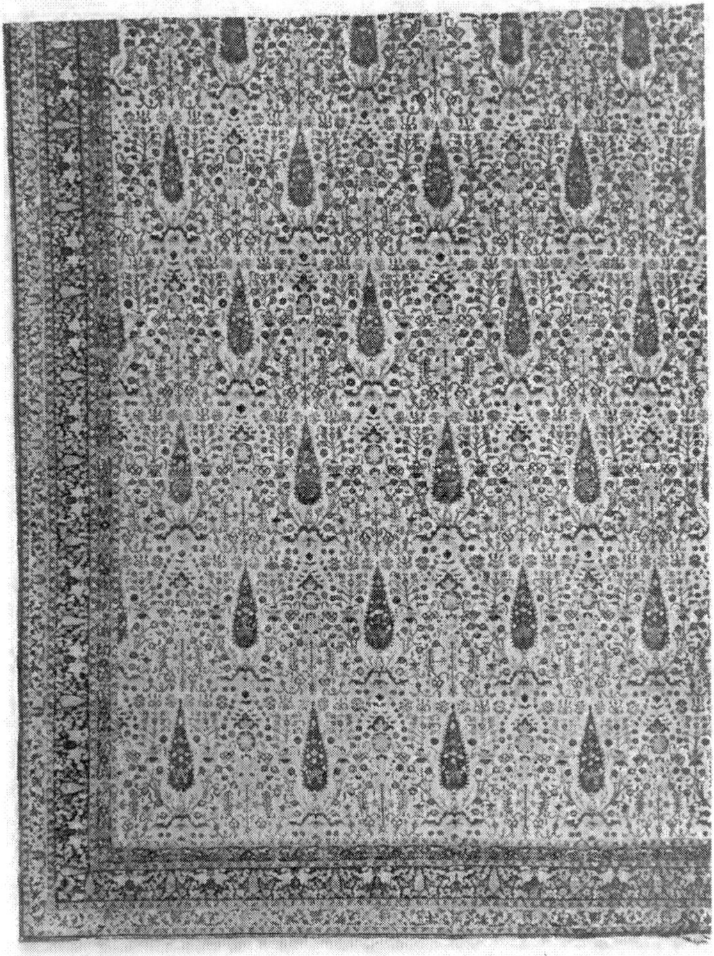

Abb. 121. Senné-Teppich.

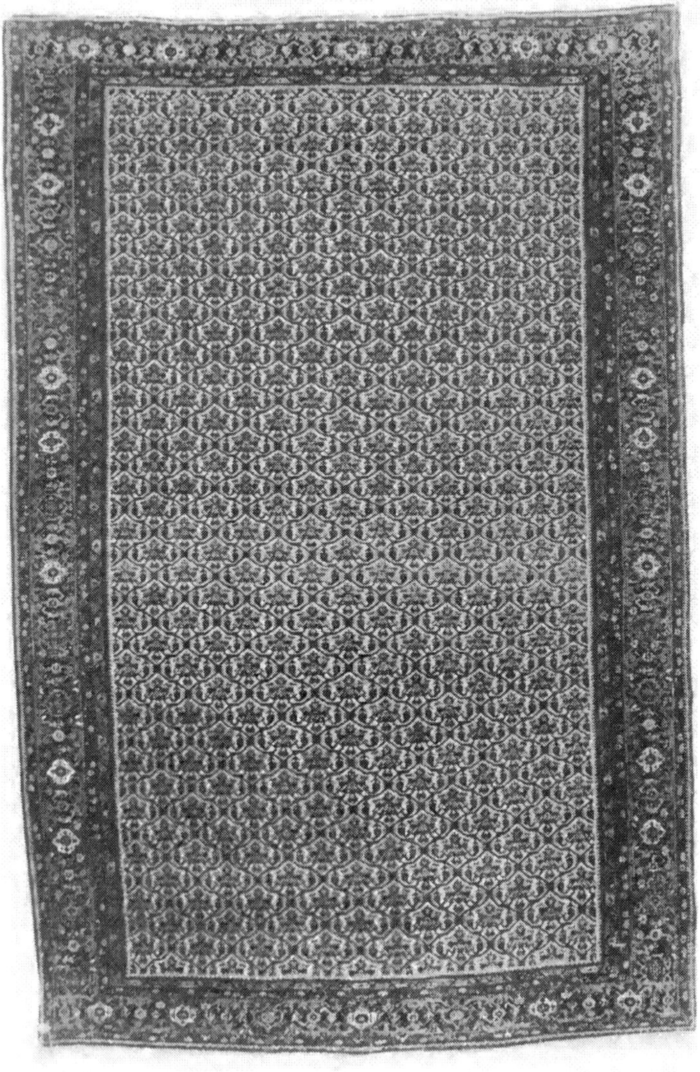

Abb. 122. Senné-Teppich.

Dschuschegan Teppich.

(Text s. Seite 191.)

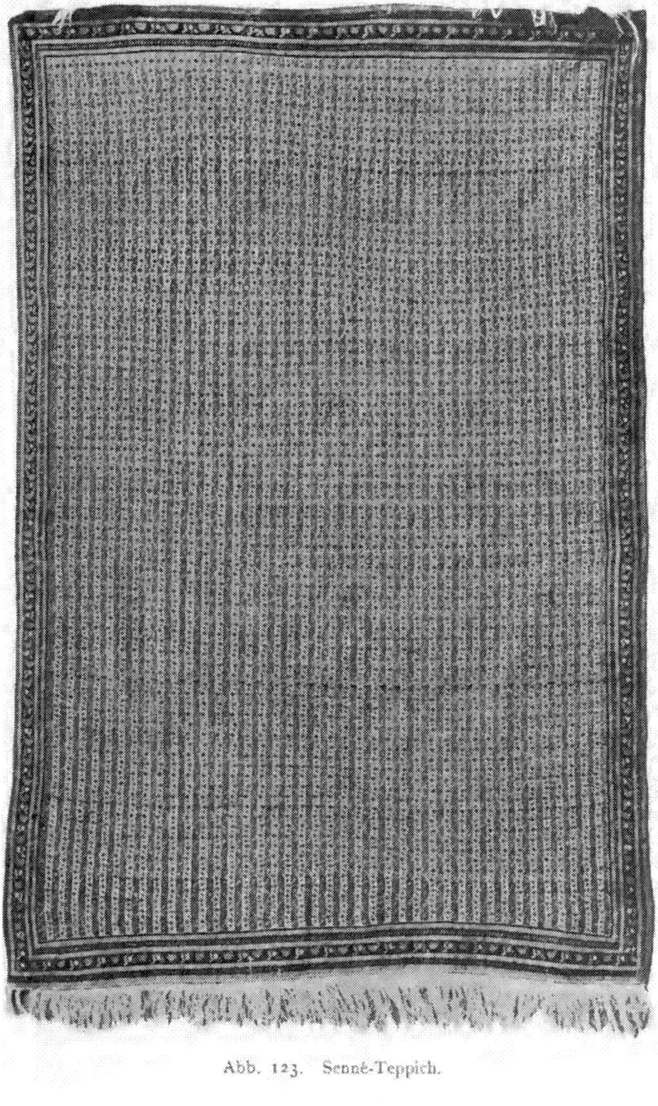

Abb. 123. Senné-Teppich.

Abb. 124. Senné-Teppich.

2×4 m vorkommend. Diese Teppiche, welche gegenwärtig nur noch sehr selten vorkommen, sind sehr dicht, kurzgeschoren und haben eine glänzende Wolle. Hauptfarben dunkelblau, rot und creme, die Zeichnung hat sehr harmonisch wirkende, komplementäre Farben. Preis pro Stück antik 600—2000 Mark.

Abbildungen 121—125. Senné-Teppiche. Im Handel auch als Kirman- und Perser-Teppiche kurzweg bezeichnet. Auf 100 qcm entfallen etwa 3000—5000 Noppen. Fast nur in Größe von 1.60×2.50 m vorkommend. Die Teppiche dieser Art sind insgemein dünn, kurzgeschoren und haben eine wenig glänzende Wolle. Sie gehören zu den feinsten Erzeugnissen der persischen Teppichknüpfkunst. Hauptfarben meist creme, blau und rot. Preis pro Stück antik 1500—5000 Mark, modern 700—2000 Mark.

Abb. 125. Senné-Teppich.

Farbige Tafel XIII (vor **Seite 201**). Kurdistan-Teppich. Im Handel auch als Iran-, Mosul-, Hamadan- und Perser-Teppich kurzweg bezeichnet. Auf 100 qcm entfallen 600—1000 Noppen. Meist in Größe von 1.20×2.50 m und 1.60×4 m vorkommend. Die Teppiche dieser Art sind sehr dicht und grobfädig, die Wolle ist nur bei alten Stücken glänzend. Preis pro Stück antik 300—800 Mark, modern 180—400 Mark.

Abbildungen 126 und 127. Khorassan-Teppiche. Im Handel auch als Mesched- und Perser-Teppiche kurzweg bezeichnet. Auf 100 qcm entfallen etwa 1400—2500 Noppen. Meist in Größe von 3×4 m, 3.30×5.50 m und 4.20×6 m vorkommend.

Kleinere Teppiche, weniger als 6 qm umfassend, sind seltener. Die Teppiche dieser Art sind trotz ihrer dichten Knüpfung

Abb. 126. Khorassan-Teppich.

weich im Griff und haben eine langhaarige, glänzende Wolle. Hauptfarben rot, blau und creme. Alte Stücke sind fast gar nicht mehr zu haben. Preis pro 2 m 70—80 Mark.

Abb. 127. Khorassan-Teppich.

Abbildungen 128—130. Kirman-Teppiche. Im Handel auch als Täbris- und Perser-Teppiche kurzweg bezeichnet. Auf 100 qcm entfallen 3000—4000 Noppen. Meist in Größe von 2.50×3.50 m, 3×4 m, 3.50×4.50 m, 4.30×6.50 m und größer vor-

Abb. 128. Kirman-Teppich.

Abb. 129. Kirman-Teppich.

Abb. 130. Kirman-Teppich.

Kurdistan Teppich.

(Text s. Seite 195.)

kommend. Die Teppiche dieser Art sind sehr dünn, kurzgeschoren und wenig glänzend. Sie gehören ebenfalls zu den schönsten Erzeugnissen moderner Teppichknüpfkunst. Hauptfarben rot, blau,

Abb. 131. Schiraz-Teppich.

Abb. 132. Schiraz-Teppich.

grün und weiß. In der Zeichnung befinden sich sehr harmonische Farbentöne. Preis pro qm 100—200 Mark.

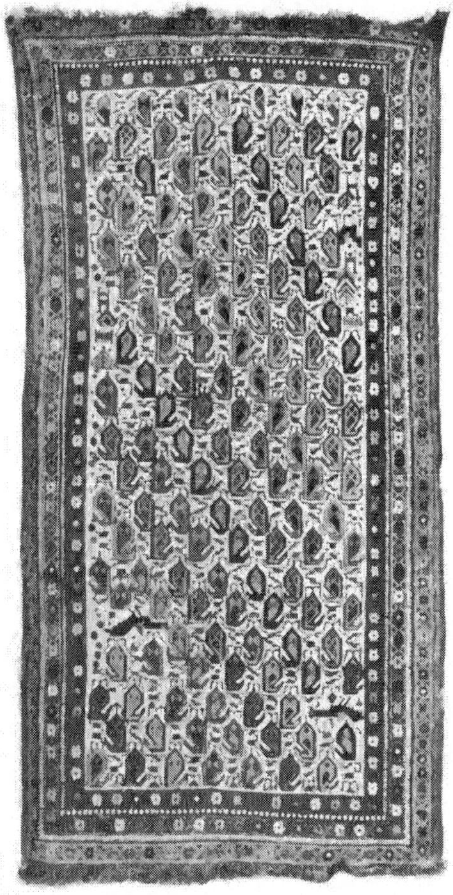

Abb. 133. Schiraz-Teppich.

Abbildungen 131—133. Schiras-Teppiche. Im Handel auch als Mekka- und Perser-Teppiche kurzweg bezeichnet. Auf

100 qcm entfallen 700—1500 Noppen. Meist in Größe von 1.40×1.90 m und 1.60×3.50 m vorkommend. Die Teppiche dieser Art sind lockerer und weicher im Griff, die Wolle ist nicht sehr lang und glänzend. Hauptfarben dunkelblau, rot und creme. Preis pro Stück antik 250—1000 Mark, modern 150—450 Mark.

D) ZENTRALASIATISCHE TEPPICHE

Der zentralasiatischen Teppicherzeugung blieb europäischer Einfluß am längsten fern. Die Ländergebiete, welche hier in Betracht kommen, sind meist unwirtliche Gebirgsgegenden und Grassteppen, von nomadisierenden Völkerstämmen bewohnt, denen europäische Zivilisation bis heute unbekannt blieb.

Nach ihrer geographischen Lage fallen diese Gebiete in die politische Interessensphäre Rußlands, welchem es durch jahrelange, kriegerische Operationen gelang, die verschiedenen Stammesoberhäupter (Khans) zur Anerkennung der russischen Oberhoheit zu zwingen und deren Reiche zu okkupieren.

Seither macht sich ein Einfluß auf die Teppicherzeugung einerseits dadurch bemerkbar, daß man oft Fondfarben findet, welche früher nie verwendet wurden. Immer häufiger tauchen neben den traditionellen roten Farben (Rotbraun, Ziegelrot und Violett) schreiende zinnoberrote Nüancen auf, welche auf einen Verfall des Farbensinns schließen lassen. Andererseits wurden nach der Okkupation Teppiche in großen Mengen nach Rußland ausgeführt, die Nachfrage wuchs bedeutend und die Folge davon war, daß die früher bei der Anfertigung geübte große Sorgfalt bald außer acht gelassen wurde, wodurch die Qualität und die Reinheit der charakteristischen, geometrischen Musterung litt.

Am zahlreichsten ist auf den europäischen Märkten gegenwärtig der „Turkmenen"-Teppich vertreten, welcher fälschlich „Bocchara" genannt wird. Er gehört zwar noch heute zu den dichtesten und bestgeschorenen zentralasiatischen Teppichen, doch kommen ganz feine Stücke immer seltener vor. Statt des schönen kräftig wirkenden Rotbraun des Turkmenenteppichs

„Teke“ und des eigentümlichen Violett des Turkmenenteppichs „Yomud“ tritt Zinnoberrot im Fond häufig auf. Kette, Einschlag und das sehr kurz geschorene Vließ sind aus guter Schafwolle, die Knüpfung dicht — es entfallen 2000—3500 Noppen auf 100 qcm.

Verwandt mit dem Turkmenenteppich ist der Teppich aus Khiwa, welcher meist aus gröberer Wolle erzeugt wird und ein langhaariges, glänzendes Vließ hat. Der Fond ist gewöhnlich ziegelrot, die Zeichnung ebenfalls rein geometrisch. Beide Teppichsorten werden nur in den herkömmlichen Formaten erzeugt.

Der eigentliche „Bocchara“-Teppich ist vom Turkmenenteppich leicht zu unterscheiden. Seine Zeichnung ist zwar auch geometrisch, aber voll phantastischer Details, die Fondfarbe immer ein sehr grelles Rot oder Rotbraun, das dem Turkmenenteppich fehlende Ockergelb und Weiß findet sich meist reichlich verwendet.

Der neue Bocchara wird aus guter Schafwolle erzeugt, das seidenglänzende Vließ ist etwas höher, die Knüpfung weniger dicht als beim Turkmenen-Teppich. Er wird in verschiedenen, zumeist größeren Dimensionen erzeugt.

Eine eigentümliche Teppichsorte, welche in der Regel durch russische Händler auf den europäischen Markt gelangt, ist der „Belutschistan“. — Seine Provenienz will mit dieser Benennung nicht übereinstimmen. Daß er direkt aus dem freien, im Südosten des Plateau von Iran gelegenen Staate Belutschistan nicht stammt, kann als sicher gelten. Andererseits unterscheidet er sich durch seine Färbung und Zeichnung von anderen zentralasiatischen Teppichen. Die Annahme, daß diese Teppichsorte von jenen halbwilden Nomadenstämmen belutschischer Abstammung erzeugt wird, welche ihre Raubzüge durch das östliche Persien und Afghanistan bis zu den russischen Grenzgegenden ausdehnen, dürfte sich der Wahrheit sehr nähern.

Der Belutschistan trägt alle Merkmale des Nomadenteppichs an sich. Seine Zeichnung ist immer rein geometrisch, die Schafwolle, aus welcher Kette, Einschlag und Knüpfung bestehen, ist sehr weich, das langgeschorene Vließ hat einen seidenähnlichen Glanz. Die Knüpfung ist verhältnismäßig ziemlich schütter, es entfallen ca. 1200—1500 Noppen auf 100 qcm. Ein tief dunkles Blau und Braun wird mit Vorliebe verwendet und gibt dem belutschischen Teppich seine eigentümliche, düstere Gesamtwirkung. Das unmittelbare Auftreten von Weiß — seltener Gelb — in einzelnen Motiven ist jedem Belutschistan als charakteristisches Merkmal eigen. Diese Teppichsorte wird meist 150—200 cm breit und 250—300 cm lang erzeugt.

Eine sehr interessante Gruppe zentralasiatischer Teppiche ist jene, welche im Handel unter der Bezeichnung Samarkand läuft und in dem weiten ostturkestanischen Lande hergestellt wird. Auch in ihr finden sich seltsame und heute noch gänzlich unaufgeklärte Widersprüche.

Die neueren Teppiche dieser Gruppe zeigen unzweideutig chinesischen Charakter. Bei dem konservativen Wesen der Chinesen wird man wohl annehmen können, daß Teppiche derselben Form und Zeichnung, sowie ähnlicher Farbengebung auch in jenen Zeichnungen erzeugt werden, in welchen wir die Teppiche als „alt" ansprechen, also von etwa 1750—1870/75. Die gewöhnlichen Teppiche dieses Typus sind zumeist grob geknüpft, grell, oft schreiend in den Farben, das Mittelfeld zeigt ein rundes, schildartiges Motiv in der Mitte oder es sind mehrere solcher Schilder symmetrisch angeordnet. In den Ecken des Mittelfeldes und in der Borte finden sich nahezu immer mäanderartige Zeichnungen.

Neben diesen Teppichen steht scharf abgetrennt die Gruppe der Samarkand-Gebetteppiche — mit mehreren (5—11 nach den mir zu Gesicht gekommenen Exemplaren) nebeneinander angereihten Gebetnischen, deren Fond entweder einfarbig ohne Zeichnung (ein Stück in Wien, Museum für Kunst und Industrie) oder mit dem sogenannten Lebensbaum, einem uralten orientalischen Motive, einen aufrecht stehenden Stiel mit einer Blüte als Spitze und symmetrisch angeordneten, mehr oder weniger stilisierten Zweigen, Blättern und Blüten darstellend, geschmückt ist. Die Wolle dieser ziemlich grob geknüpften Teppiche ist oft von prächtig seidenartigem Glanz. Im Jahre 1891 befanden sich auf der Teppichausstellung in Wien zwei Teppiche, welche in der ganzen Anordnung sowie in der Zeichnung diesen sog. Samarkand-Gebetteppichen unverkennbar glichen. Die Ornamente dieser beiden Prachtstücke waren jedoch in Seide ausgeführt, der Grund der Gebetnischen aus einem Geflechte primitiv hergestellter Goldfäden, welches über dem eigentlichen Grundgewebe lag, die Zwickel zwischen den Giebeln der Gebetnischen waren mit einem gleichartig hergestellten Silbergeflechte gefüllt. Der eine Teppich stammte nach Theodor Graf aus der Kaaba von Mekka. Den zweiten Teppich hatte Dr. Trell aus Ost-Turkestan (?) gebracht. Die Stätte der Erzeugung hatte Dr. Trell nicht mit Bestimmtheit in Erfahrung gebracht, wohl aber, daß dieser Teppich in der Zeit um 1865/77 hergestellt worden sei. Dieser letztere Teppich befindet sich zurzeit im Besitze des österreichischen Museum für Kunst und Industrie und steht dem Grafschen Teppich, jetzt im Berliner Kunstgewerbemuseum, an Schönheit nur wenig nach. Seither sind mehrere ähnliche Teppiche nach London gekommen. Wenn man nun diese „Samarkand"-Gebetteppiche, edlen und unedlen Materials betrachtet und nicht ein chinesisches Motiv finden kann, nicht eines, welches an andere ostturkestanische Teppiche gemahnt, so muß man an eine eng begrenzte Erzeugungsstätte, an eine fest eingewurzelte, alte Tradition denken und es wird zu mindestens begreiflich, daß Karabacek, der, ohne von der Existenz des Trellschen Teppichs Kenntnis zu haben, das Grafsche Stück in das XIV. Jahrhundert datierte und ihm eine persische Heimat zuschrieb.

Daß wir aber kunstgewerblichen Erzeugnissen so typischer Art, Zeugnis gebend von einer großen Kunstfertigkeit — daß wir über Herkunft und Alter einer solchen Industrie so gar nichts zuverlässiges wissen, ist ein Beweis für unsere totale Unkenntnis der kulturellen Verhältnisse der Völker Zentralasiens.

Mit diesem Hinweis auf die Lückenhaftigkeit unseres Wissens hinsichtlich der einschlägigen Verhältnisse sei diese Aufzählung und Beschreibung orientalischer Knüpfteppiche beschlossen. Es sind auch nicht annähernd alle im Handel vorkommenden Bezeichnungen erwähnt. Es hätte eine solche ausführliche Aufzählung von Erzeugungsstellen aus den bereits eingangs erwähnten Gründen keinen Wert.

Abbildungen 134—152 einschließlich der **farbigen Tafel XVI** veranschaulichen die am meisten vorkommenden Gattungen zentralasiatischer Teppiche.

Motivblatt VIII u. **IX** (s. **S. 234** u. **235**) enthalten die fast nur in kaukasischen Teppichen am häufigsten vorkommenden Motive.

Abbildung 134. Bocchara-Teppich. Im Handel auch als Turkmenen-Teppich bezeichnet. Auf 100 qcm entfallen etwa

Abb. 134. Bocchara-Teppich.

Teke Turkmenen Teppich.

(Text s. Seite 216.)

2000—3000 Noppen. Meist in Größe von 1.70×3 m, 1.50×2.40 m sowie als sogenannter Yastik in Größe von 0.35×0.70 m und 0.70×1.40 m vorkommend. Die Teppiche dieser Art sind sehr dicht, kurzgeschoren, feinwollig und glänzend. Hauptfarbe rotbraun, die Zeichnung ganz dunkelblau, verbunden mit weiß, seltener gelb. Preis pro Stück antik 1000—3500 Mark, modern 400 bis 1500 Mark. Die Yastiks kosten etwa 70—200 Mark.

Abbildungen 135 und 136. Boccharastreifen. Im Handel auch als Khiwastreifen bezeichnet. Diese bordüreartigen Streifen, welche im Orient als Zimmerschmuck zum Abschluß der Seitenwände vom Plafond verwendet werden, sind etwa 10—15 m lang und meist 20 bis 40 cm breit. Auf einem cremefarbigen, kanevasartigen Grundgewebe ist die Zeichnung vielfach in dunkelrotbraunen Farben eingeknüpft. Preis pro Stück je nach Alter und Schönheit 100—300 Mark.

Abbildungen 137—139. Yomud-Teppiche. Im Handel auch als Bocchara- und Turkmenen-Teppiche bezeichnet. Auf 100 qcm entfallen 2000 bis 3000 Noppen. Meist in Größe von 1.50×3 m vorkommend.

Abb. 135. Bocchara-Streifen.

Abb. 136. Bocchara-Streifen.

Die Teppiche dieser Art sind sehr dicht, kurzgeschoren, die Wolle ist häufig glänzend. Hauptfarbe dunkelviolett, die Zeichnung meistenteils blau mit etwas creme. Preis pro Stück antik 1000—3500 Mark, modern 400—1500 Mark.

Abb. 137. Yomud-Teppich.

Abb. 138. Yomud-Teppich.

Abb. 139. Yomud-Teppich.

Abb. 140. Teke-Turkmenen-Teppich.

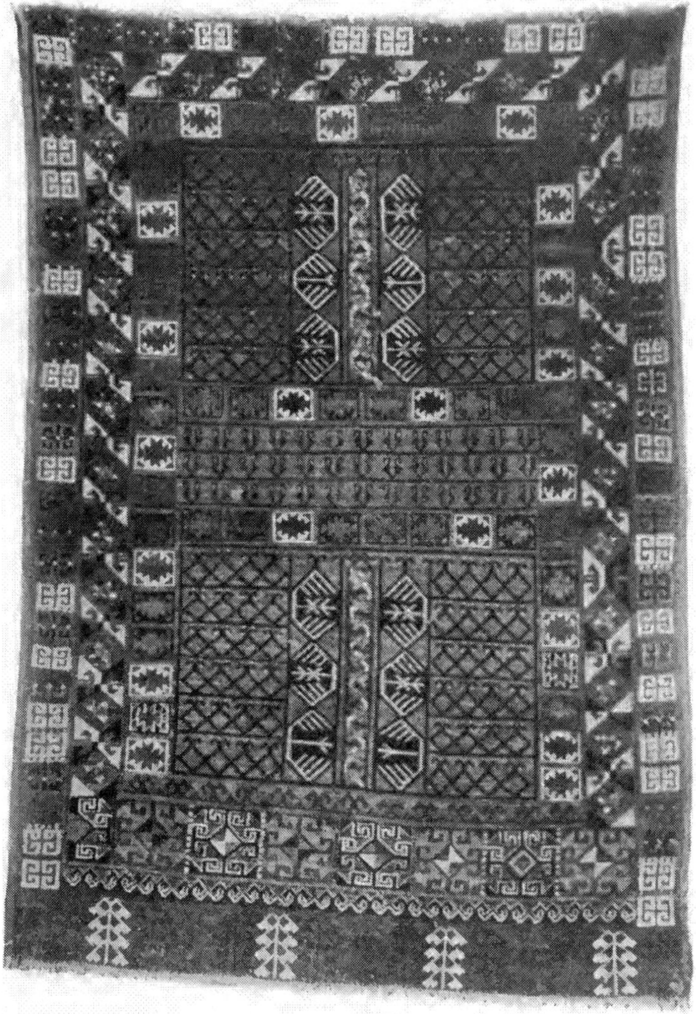

Abb. 141. Khiwa-Teppich.

Farbige Tafel XIV (vor **Seite 209**) und **Abbildung 140.** Teke-Turkmenen-Teppiche. Im Handel auch als Bocchara- und Turkmenen-Teppiche kurzweg bezeichnet. Meist in Größe

Abb. 142. Khiwa-Teppich.

Belutschistan Teppich.

(Text s. Seite 225.)

Abb. 143. Khiwa-Teppich.

Abb. 144. Beschir-Teppich.

Abb. 145. Beschir-Teppich.

Abb. 146. Beschir-Teppich.

von 0.70×1.40 m vorkommend. Die Teppiche dieser Art sind sehr dicht und fein geknüpft, es entfallen etwa 2000—3000 Noppen auf 100 qcm. Die Wolle ist kurzgeschoren und glänzend. Hauptfarbe rotbraun; die Zeichnung meist tiefdunkelblau, etwas weiß oder

Abb. 147. Afghan-Teppich.

gelb erscheint selten. Preis pro Stück je nach Schönheit und Alter 70—300 Mark.

Abbildungen 141—143. Khiwa-Teppiche. Im Handel auch als Kisilayak-, Bocchara- und Teke-Turkmenen-Teppiche bezeichnet. Auf 100 qcm entfallen 1600—2500 Noppen. Meist in Größe von 1.15×1.60 m vorkommend. Die Teppiche dieser

Abb. 148. Afghan-Teppich.

Art sind dicht und fein geknüpft, die Wolle kurzgeschoren und glänzend. Hauptfarbe dunkelrotbraun, die Zeichnung dunkelblau, weiß und gelb. Das bei diesen Teppichen vorkommende Weiß

Abb. 149. Belutschistan-Teppich.

in der Zeichnung ist häufig in Baumwolle geknüpft. Preis pro Stück je nach Alter und Schönheit 120—600 Mark.

Abbildungen 144 und **145.** Beschir-Teppiche. Auf 100 qcm entfallen etwa 800—1500 Noppen. Meist in Größe von 1.50×3.50 m und 2×5 m vorkommend. Die Teppiche dieser Art sind sehr langgeschoren und haben glänzende Wolle. Hauptfarben meist rotbraun und tiefdunkelblau, die Zeichnung gelb und weiß. Diese Teppiche sind erst seit einigen Jahren im Handel. Preis pro Stück 400—2000 Mark.

Abb. 150. Belutschistan-Teppich.

Abbildung 146. Beschir-Teppich. Auf 100 qcm entfallen etwa 800—1500 Noppen. Nur in Größe von ungefähr 1.10×1.80 m vorkommend. Die Teppiche dieser Art, welche ziemlich selten im Handel auftauchen, sind langgeschoren, die Wolle ist glänzend. Hauptfarbe rotbraun und creme, die Zeichnung tiefdunkelblau. Preis pro Stück 150 bis 400 Mark.

Abbildungen 147 und **148.** Afghan-Teppiche. Im Handel auch als Bocchara-Teppiche bezeichnet. Auf 100 qcm entfallen 700—1100 Noppen. Meist in Größe von 1.40×2.20 m und 1.80×2.70 m vorkommend. Die Teppiche dieser Art sind in der Regel lang-

Samarkand Teppich.

geschoren, die Wolle ist bei besseren Stücken glänzend. Hauptfarbe dunkelrotbraun, die Zeichnung tiefdunkelblau mit weiß, mitunter auch gelb. Preis pro Stück antik 600—2000 Mark, modern 200—1000 Mark.

Farbige Tafel XV (s. **Seite 217**) und **Abbildungen 149—151.** Belutschistan-Teppiche. Im Handel auch als Afghan- und Bocchara-Teppiche bezeichnet. Auf 100 qcm entfallen 800—1000 Noppen. Meist in Größe von 1.60×2.40 m vorkommend, größere Stücke selten. Die Teppiche dieser Art sind sehr langgeschoren, die Wolle ist meist sehr glänzend. Hauptfarben tiefdunkelblau, rot und braun; in der Zeichnung kommt oft intensives weiß vor. Preis pro Stück antik 600 bis 2000 Mark, modern 200—1000 Mark.

Abb. 151. Belutschistan-Teppich.

Abbildung 152. Samarkand-Teppich. Im Handel auch als Perser-Teppich bezeichnet. Auf 100 qcm entfallen 600—1000 Noppen. Meist in Größe von 0.80×1.30 m und 1.50×3.50 m vorkommend. Größere, mehr quadratische Stücke sind sehr selten. Die Teppiche dieser Art sind sehr lose im Griff, langgeschoren und sehr glänzend. Hauptfarben blaßrot mit viel gelb und grün. Preis pro Stück antik 600—2000 Mark, modern 80—800 Mark.

Farbige Tafel XVI (vor **Seite 225**). Samarkand-Teppich. Im Handel auch als Perser-Teppich bezeichnet. Auf 100 qcm entfallen 600—1000 Noppen. Meist in Größe von 0.90×3.50 m vorkommend. Die Teppiche dieser Art sind sehr lose im Griff, langgeschoren und sehr glänzend. Hauptfarben abwechselnd rot, grün und orangegelb. Preis pro Stück antik 600—2000 Mark, modern 200—800 Mark.

Abb. 152. Samarkand-Teppich.

Motivblatt I
für türkisch-anatolische Teppiche.

Die auf diesem Blatt ersichtlichen Zeichnungen sind charakteristische Motive, welche fast ausschließlich nur in türkisch-anatolischen Teppichen vorkommen.

Motivblatt II
für kaukasische Teppiche.

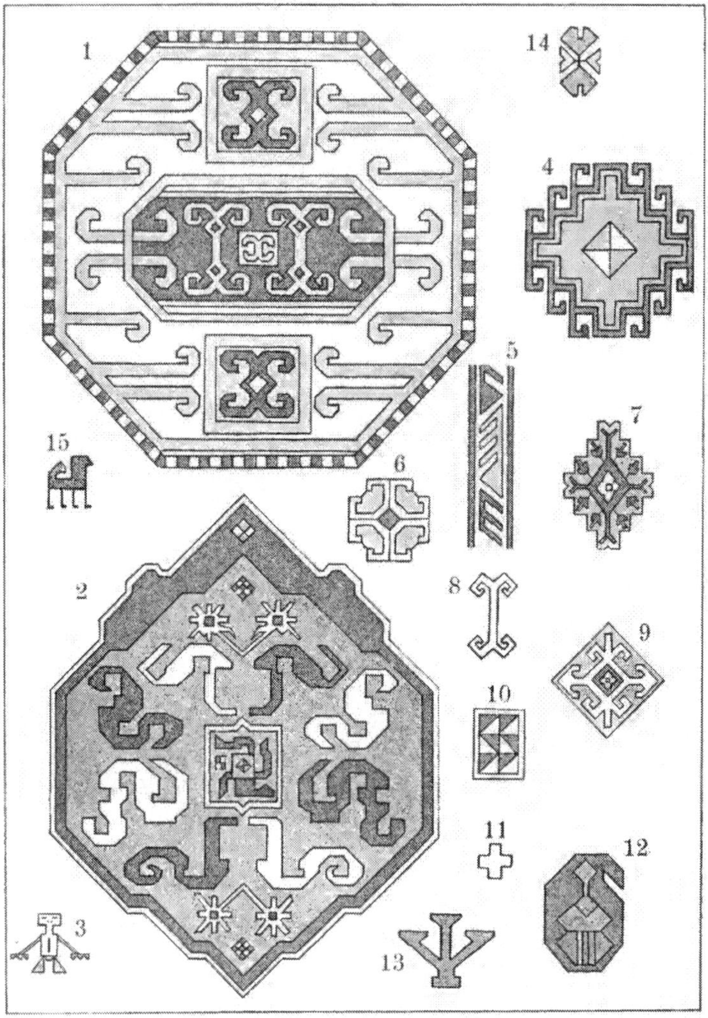

Die auf diesem Blatt ersichtlichen Zeichnungen sind charakteristische Motive, welche fast ausschließlich nur in kaukasischen Teppichen vorkommen.

Motivblatt III
für kaukasische Teppiche.

Auch die auf diesem Blatt ersichtlichen Zeichnungen sind charakteristische Motive, welche fast ausschließlich nur in kaukasischen Teppichen vorkommen.

Motivblatt IV
für kaukasische Teppiche.

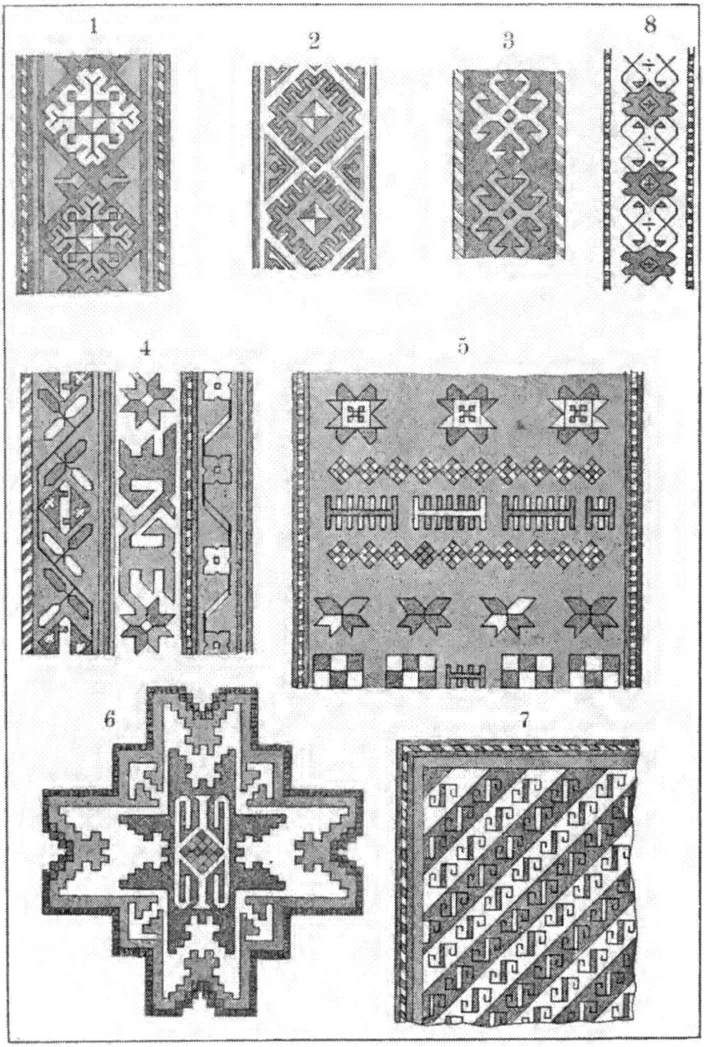

Auch die auf diesem Blatt ersichtlichen Zeichnungen sind charakteristische Motive, welche fast ausschließlich nur in kaukasischen Teppichen vorkommen.

Motivblatt V
für kaukasische Teppiche.

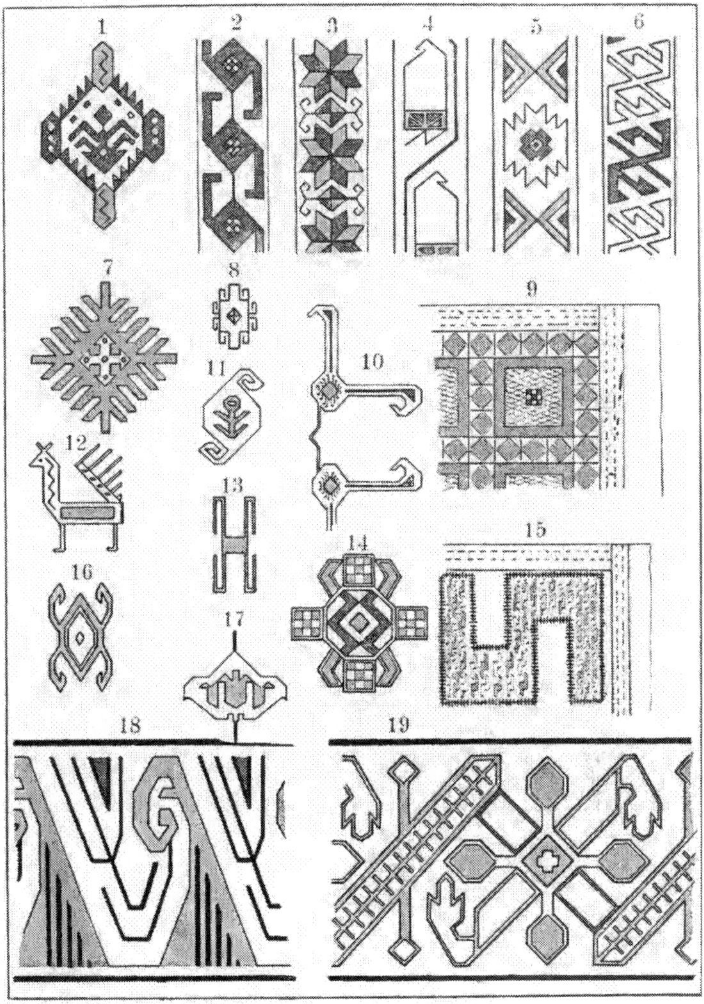

Auch die auf diesem Blatt ersichtlichen Zeichnungen sind charakteristische Motive, welche fast ausschließlich nur in kaukasischen Teppichen vorkommen.

Motivblatt VI
für kaukasische Teppiche.

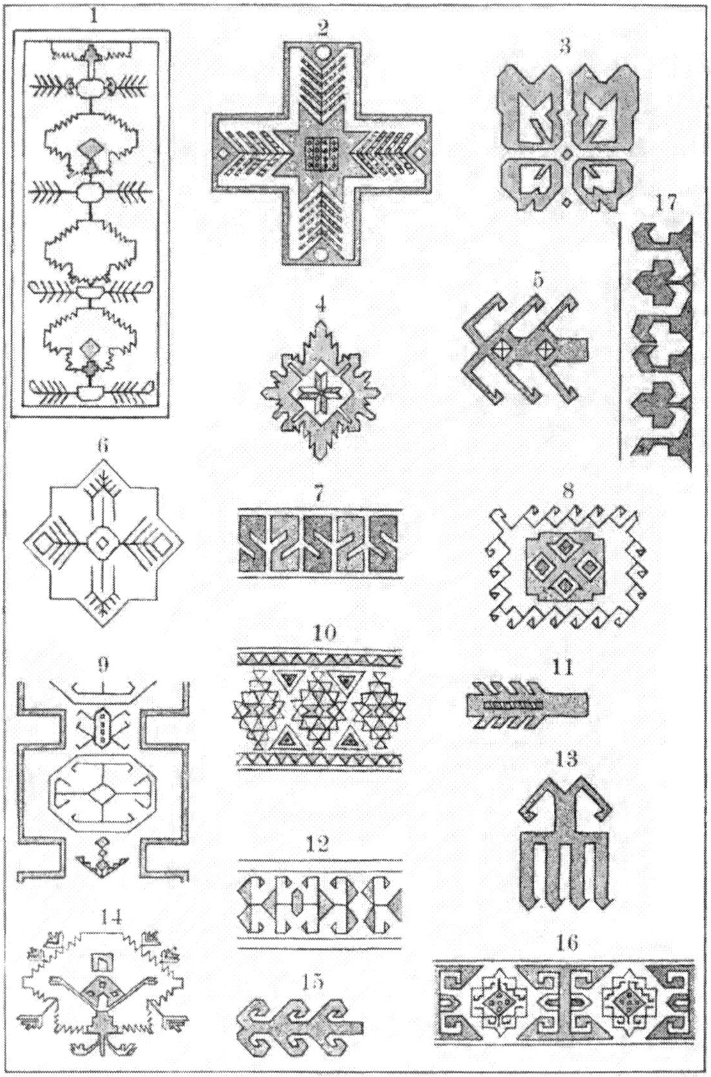

Auch die auf diesem Blatt ersichtlichen Zeichnungen sind charakteristische Motive, welche fast ausschließlich nur in kaukasischen Teppichen vorkommen.

Motivblatt VII
für persische Teppiche.

Die auf diesem Blatte ersichtlichen Zeichnungen sind charakteristische Motive, welche fast ausschließlich nur in persischen Teppichen vorkommen.

Motivblatt VIII
für zentralasiatische Teppiche.

Die auf diesem Blatt ersichtlichen Zeichnungen sind charakteristische Motive, welche fast ausschließlich nur in zentralasiatischen Teppichen vorkommen.

Motivblatt IX
für zentralasiatische Teppiche.

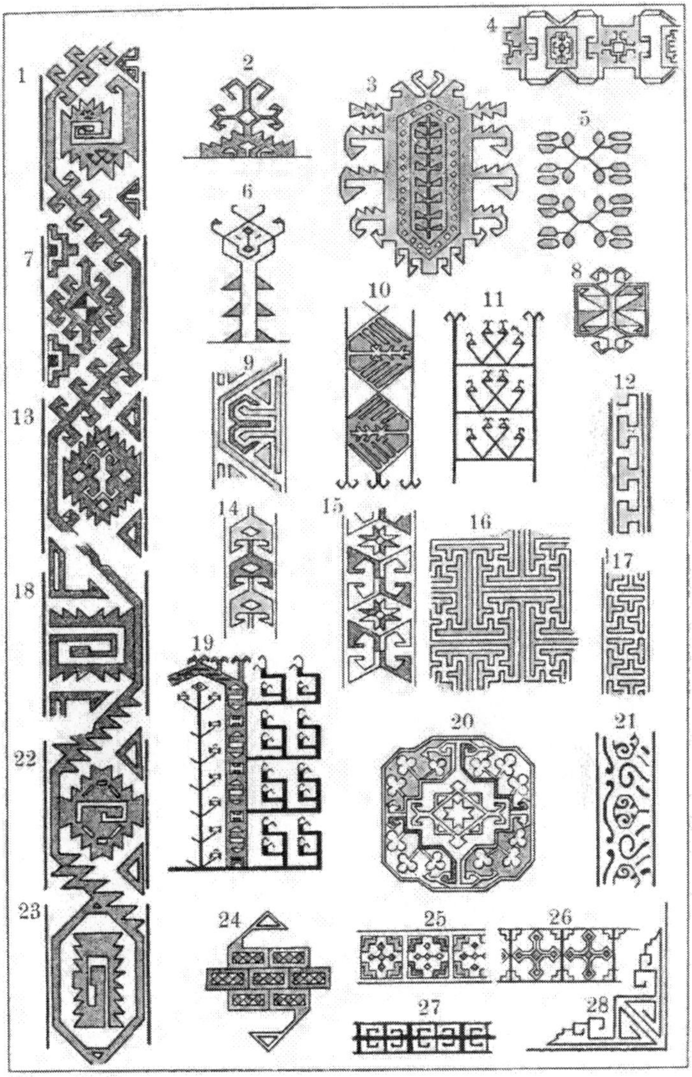

Die auf diesem Blatt ersichtlichen Zeichnungen sind charakteristische Motive, welche fast ausschließlich nur in zentralasiatischen Teppichen vorkommen.

Motive aus altpersischen Teppichen.

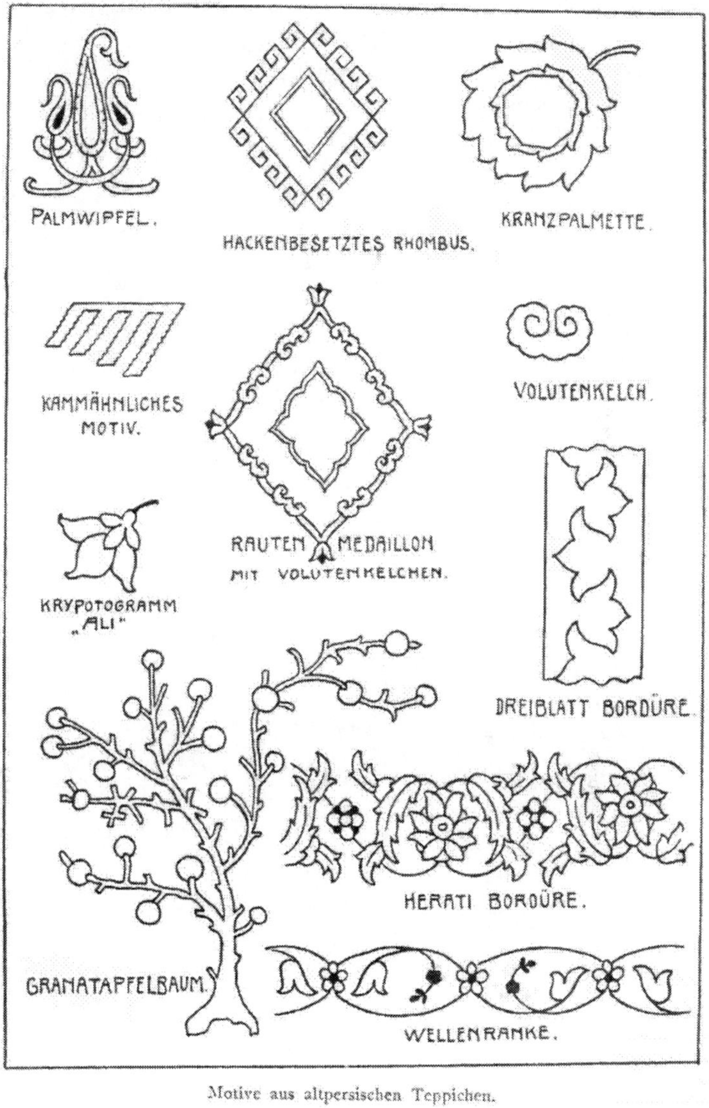

Motive aus altpersischen Teppichen.

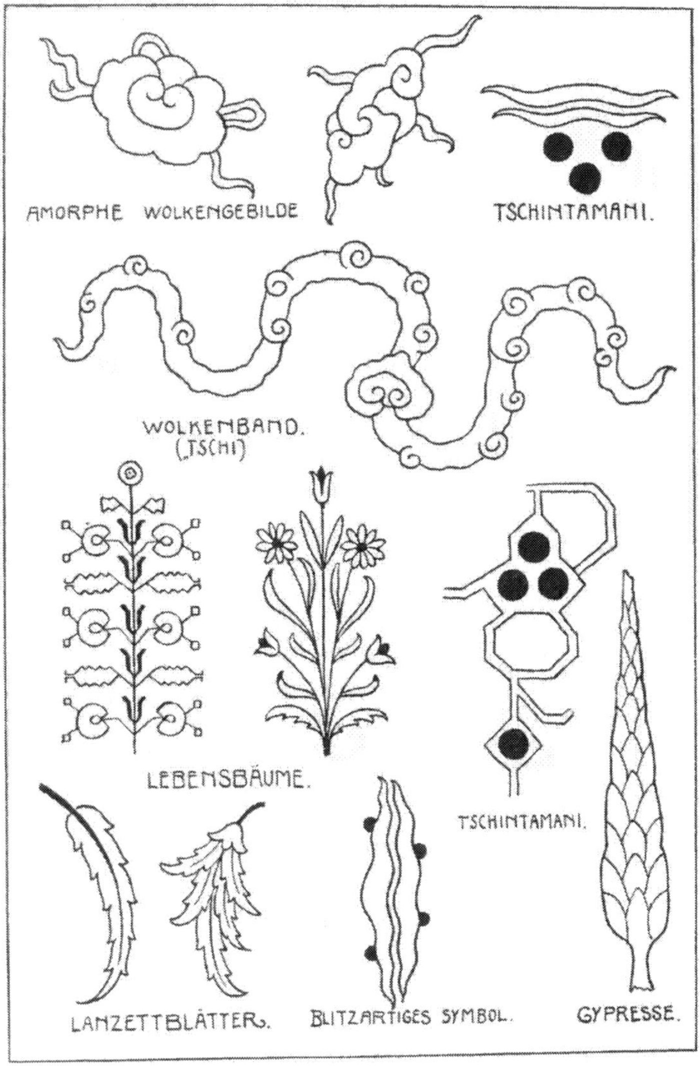

Motive aus altpersischen Teppichen.

SACH- UND NAMEN-REGISTER

Die Ziffern bezeichnen die Seitenzahlen. — Abb. = Abbildung. — Die Motivblätter befinden sich auf Seite 227—238. — Die farbigen Tafeln (röm. Zahlen) sind in der Reihenfolge der Ziffern über den Band verstreut.

Abnutzung der Teppiche 94. — Künstliche 93.
Afghan Teppiche 67. 85. 97. 224 u. ff. — Abb. 147/51 — Farb. Tafel XV.
Ali (Krypotogramm) s. Motivblatt XI.
Alte Teppiche 1 u. ff.
Altpersische Teppiche, Motive für, s. Motivblatt X—XII.
Amerika als Teppichkäufer 97.
Amorphe Wolkengebilde als Teppichmotive s. Motivblatt XII.
Anatolische Familien-Gebet-Teppiche 125 — Abb. 65.
Anatolische Gebetteppiche 113. 114 — Abb. 55. 56. 57. 58.
Anatolische Kilim-Gebet-Teppiche 124 — Abb. 64.
Anatolische Ladik-Teppiche 115 — Abb. 60.
Anatolische Megri-Teppiche 130 — Abb. 72.
Anatolische Saph-Teppiche 125 — Abb. 65.
Anatolische Teppiche, Alte, 48. 54. 64 — Abb. 30. 32 u. Titelbild.
Anatolische Teppiche, Moderne, 99. 102 u. ff. 126. 130. 132 — Abb. 68. 73. 74 — Farb. Tafel VI.
Anatolische Teppiche. Merkmale 112.
Anatolisch-türkische Teppiche s. unter Türkisch-anatolische Teppiche.
Anatolisch-türkische Teppiche, Motive für, s. Motivblatt I.
Anemonen als Teppichmotive 90.
Anilinfarben 82 u. ff. 171.
Antike Teppiche 1 u. ff.
Antilopen als Teppichmotive 29.
Arabesken als Teppichmotive 33. 54 — Abb. 32 u. Titelbild.
Arabistan Teppiche 7.
Arak-Irani 173.
Ardebil-Teppich 7. 24. 25.
Ardilân Teppiche 174.
Azerbeidschan-Teppiche 172 u. ff. — Abb. 109.

Baku Teppich 147 — Abb. 86.
Bär als Teppichmotiv s. Motivblatt X.
Bardini, Sammlung, Florenz. Abb. 4.
Baumwolle als Teppichmaterial 174. 175. 176.
Behandlung der Teppiche 91 u. ff. 99 u. ff.
Belutschistan Teppiche 67. 79 u. ff. 205. 225 — Abb. 149 bis 151 — Farb. Tafel XV.
Berlin, Teppiche aus dem Kaiser Friedrich-Museum 36 — Abb. 22.
Berlin, Teppiche aus dem Kunstgewerbe-Museum. Abb. 2. 3.
Beschir-Teppiche 224 — Abb. 144—146.
Biredschend Teppiche 175 u. ff.
Birnen als Teppichmotive 90.
Blitzartiges Symbol als Teppichmotiv s. Motivblatt XII.
Boccharastreifen 209 — Abb. 135. 136.
Bocchara Teppiche 2. 85. 98.

205. 208. 209 u. ff. 216 u. ff. 221 u. ff. 224 u. ff. — Abb. 134. 137—143. 147—151 — Farb. Tafeln XIV u. XV.
Bocchara Teppiche, Falsche, s. unter Turkmenen Teppiche 204.
Bode, Wilhelm, Berlin 16. 36. 70 — Abb. 6. 7.
Bordüren:
Dreiblatt-B. s. Motivblatt XI.
Herati-B. s. Motivblatt XI.

Chinesische Beeinflussung der Ornamente 10. 20. 33 — Abb. 3. 9.
Chosroës Teppich 6.
Chosrau I. 4.
Cypresse als Teppichmotiv s. Motivblatt XII.
Czartoryski, Wappen der, 36.

Daghestan Teppiche 67. 140 u. ff. 153 u. ff. — Abb. 79—87. 89—95. 97—103.
Damaskus 46.
Decken 171 — Abb. 107. 108.
Demirdschi-Teppich 109 — Abb. 52.
Derbent-Teppiche 136. 151. 157 u. ff. 163 u. ff. — Abb. 88. 98 bis 100. 104.
Drache als Teppichmotiv. 10. 33. 89 — Motivblatt X.
Dreiblatt Bordüre als Teppichmotiv s. Motivblatt XI.
Dschuschegan-Teppiche 172. 173. 191 u. ff. — Farb. Taf. XII.

Eber als Teppichmotive 29.
Einkauf neuer Teppiche 91 u. ff.
Eisenoxyde, Schwefelsaure, als Farbmittel für Teppiche 81.
Elisabethpol 137.
Erzerum 125.
Exotische Teppiche 66.

Fabeltiere als Teppichmotive 29 — Abb. 16 — Motivblatt X.
Fabrikmäßige Herstellung von Türkisch-anatolischen Teppichen 102 u. ff.
Familien-Gebet-Teppiche, Anatolische, 125 — Abb. 65.
Farbenprüfung der Teppiche 91 u. ff.
Färbung der Teppiche 79 u. ff. 91 u. ff.
Färbung der Teppiche mit organischen Farbstoffen 80 u. ff.
Färbung der Teppiche mit Anilin 81 u. ff.
Fars Teppiche 7.
Ferahan Teppiche 95. 171 u. ff. 173 u. ff. 180 u. ff. 186 u. ff. — Abb. 109—112. 116. 119. 120.
Florart 76 u. ff. — Abb. 45.
Foho s. Phönix.
Formate der Teppiche 78 u. ff. — Abb. 46.
Fußbodenbelag, Teppiche als, 78 u. ff. — Abb. 46.
Friedhofteppiche 50. 118 — Abb. 30. 61.

Gallussäure als Farbmittel für Teppiche 81.
Gartenteppich 6 — Abb. 1.
Gebetteppiche 36. 46 u. ff. 55. 110 u. ff. — Abb. 22. 30. 31. 34. 55—76 — Farb. Tafel II.
Gebetteppiche, speziell der türkisch-anatolischen Hausindustrie 110 u. ff. — Abb. 55 bis 76.
Gemälde mit Teppichdarstellungen 13 — Abb. 6. 7. 8 u. Titelbild.
Gendjé-Teppiche 67. 137. 138 u. ff. 153 u. ff. — Abb. 77. 78. 90. 92—103. — Farb. Tafel VII. VIII.
Gewirkte Teppiche 2 u. ff.

Ghiordesbindung s. u. Ghiordesknüpfung.
Ghiordes Gebet-Teppiche 124 — Abb. 63.
Ghiordesknüpfung 76 — Abb. 44.
Ghiordes Marpudjle-Teppiche 110.
Ghiordes-Teppiche, Alte, 48. 52 ff. 64 — Abb. 31. 41 — Farb. Tafel II.
Ghiordes-Teppiche, Moderne, 107. 110. 115. 124 — Abb. 51. 62. 63 — Farb. Tafel III.
—, Falsche, s. unt. Kula-Gebet teppiche (116 — Farb. Tafel V).
Girgl, Sammlung, in Budapest 59 — Abb. 35.
Görawan Teppiche 173.
Graf, Theodor, in Wien 207.
Granatapfelbaum als Teppichmotiv s. Motivblatt XI.
Gruppierung der Teppiche nach d. Ursprungsland 101 u. ff.

Hamadan Teppiche 173. 182. 195 — Abb. 113 — Farb. Tafel X u. XIII.
Handelsbezeichnungen moderner Teppiche: Unsicherheit 66. Gruppierung 69 u. ff.
Haupthandelsplätze für orientalische Teppiche 67.
Hausindustrie von türkisch-anatolischen Teppichen 102. 109 u. ff.
Herati Bordüre 173 — Motivblatt XI.
Heratmuster 44. 87. 173 — Abb. 26 — Motivblatt XI.
Hereke-Teppiche 109 — Abb. 54.
Heris-Teppiche 173.
Herstellung der Teppiche 72 u. ff.
Hirsche als Teppichmotive 29 — Motivblatt X.

Indigo als Färbmittel für Teppiche 80.
Irak Teppiche 68.
Iran Teppiche 195 — Farb. Tafel XIII.
Isfahan s. unter Ispahan.
Ispahan-Teppiche 26. 33. 191 u. ff. — Abb. 15. 25 — Motivblatt VIII, Fig. 12 — Farb. Tafel XII.

Jagdbilder als Teppichmotive s. Motivblatt X.
Jagdteppiche 29.
Jagdtiere als Teppichmotive 29 — Abb. 16 — Motivblatt X.
Jakschibeydir-Gebetteppiche s. unter Yakschibeydir-Gebetteppiche.

Kabristan-Teppiche 67 u. ff. 138 u. ff. — Abb. 77. 78 — Farb. Tafel VII. VIII.
Kaelitz, Prof. Dr. v., 53.
Kamelhaare als Teppichmaterial 77.
Kamelhaar-Teppiche 182 — Farb. Tafel X.
Kammähnliches Teppichmotiv s. Motivblatt XI.
Kampfer als Teppichschutzmittel 100.
Karabacek, Wien 90. 112.
Karabagh Teppiche 137. 153. 154 u. ff. 180 u. ff. — Abb. 90—93. 96. 109—112.
Karadagh Teppiche 172 u. ff. 180 u. ff. — Abb. 108—112.
Karamani Kilims s. unter Karamani-Teppiche.
Karamani-Teppiche 2. 52. 72.
Kasak Teppiche 111. 137. 140 u. ff. 151 u. ff. 154 u. ff. — Abb. 81—83. 88. 91—103.
Kaschkai Teppiche 46. 99. 176 u. ff. — Motivblatt VII, Fig. 19.

Kaukasische Teppiche 57 u. ff. 67. 69. 85. 99. 136 u. ff. — Abb. 35—38. 47. 77—108 — Motivblatt II—VI.
Kaukasische Teppiche, Motive für, s. Motivblatt II—VI.
Kenguerlu Teppiche 154 — Abb. 91.
Kermesschildlaus als Färbmittel für Teppiche 80.
Kettenbaum 75.
Kettenfäden 72. 73 u. ff. — Abb. 43.
Khain Teppiche 175.
Khiwastreifen 209 — Abb. 135. 136.
Khiwa Teppiche 205. 221 u. ff. — Abb. 141—143.
Khorassan Teppiche 175 u. ff. 195 u. ff. — Abb. 126. 127.
Kilim-Decke 125 — Abb. 64.
Kilim-Gebet-Teppiche 124 — Abb. 64.
Kilims 2 u. ff. 52. 72. 124 — Abb. 64.
Kilin als Teppichmotiv 89 — Motivblatt X.
Kirmanschah Teppiche 176.
Kirman Teppiche 55. 176. 182. 195. 197 u. ff. — Abb. 33. 113. 121—125. 128—130.
Kir-schihir-Gebet-Teppiche 114 — Abb. 58.
Kis-Ghiordes-Teppiche 64. 124 — Abb. 41. 62.
Kisilayak-Teppiche 221 — Abb. 141—143.
Kisil-Irmak 114.
Kleidermotte, Vertilgung der, 100.
Kleinasiatische Teppiche 20. 50. 85 — Abb. 6. 7. 9. 10. 11. 12. 29.
Kleinasiatische Teppich-Fabrik-Betriebe 102 u. ff.
Knüpferin, Wochenleistung einer geschickten, 25.
Knüpfmaterial 77 u. ff.
Knüpfstuhl 81.
Knüpftechnik 71.
Knüpfteppiche 3. 7. 13. 24 u. ff. — Abb. 42.
Knüpfteppiche, Herstellung der, 73 u. ff.
Knüpfung 72 u. ff. 97. 98 — Abb. 44. 45.
Knüpfungsfaden 76.
Koch, C. W., 25.
Köhler-Teppiche 126 — Abb. 67.
Koltuk Teppiche 151 — Abb. 87.
Konstantinopel 67.
Konstantinopel, Brunnen m. d. Lebensbaum 125 — Abb. 66.
Kranzpalmette als Teppichmotiv s. Motivblatt XI.
Krönungs-Teppiche 38 — Abb. 23.
Krypotogramm „Ali" s. Motivblatt XI.
Kuba Teppiche 136. 138. 139. 151 u. ff. — Abb. 77. 87. 88 — Farb. Tafel VII. VIII.
Kuderna, Josef, Wien, XI. XII.
Kufische Inschriften auf Teppichen 10 — Abb. 2.
Kula Gebetteppiche 110. 116 u. ff. — Abb. 61 — Farb. Tafel V.
Kula Teppiche 50. 52. 79 u. ff. 110. 115. 116 u. ff. — Abb. 30. 59. 61 — Farb. Tafeln IV u. V.
Kurden-Teppiche 111. 132 — Abb. 74—76 — Farb. Tafel VI.
Kurdistan Teppiche 72. 94. 174 u. ff. 195 — Farb. Tafel XIII.

Ladik-Gebet-Teppiche 115 — Abb. 59. 60 — Farb. Tafel III. IV.
Lanzettblätter als Teppichmotive s. Motivblatt XII.

Lavendelöl als Teppichschutzmittel 100.
Lebensbäume als Teppichmotive 112 — Abb. 66 — Motivblatt XII.
Leipzig, Teppiche aus dem Kunstgewerbe-Museum 42. 44 — Abb. 25.
Lessing, Julius, Berlin, 14.
Literatur über orientalische Teppiche 70 u. ff.
Lotosblüte als Teppichmotiv 89. 90 — Motivblatt VII, Fig. 8, 13. 14.
Löwen als Teppichmotive 29 — Abb. 16 — Motivblatt X.
Luxusteppiche, Alte, 13. 24. 84.

Martin, Dr. F. R., Stockholm. 16. 29. 36. 64.
Material für die Herstellung der Teppiche 77 u. ff.
Medaillon als Teppichmotiv s. auch unter Rauten-Medaillon.
Medaillon-Teppich 103 — Abb. 49.
Megri-Teppiche 111. 130 — Abb. 72.
Mekka Teppiche 98. 144. 147. 151 u. ff. 176 u. ff. 186 u. ff. 203 u. ff. — Abb. 84. 85. 87. 89. 119. 120. 131—133 — Farb. Tafel IX.
Melas-Teppiche 111. 127. 128 — Abb. 70. 71.
Mesched Teppiche 195 u. ff. — Abb. 126. 127.
Miniaturen mit Teppichmustern 29 — Abb. 17. 18.
Mingwappen 10. 11 — Abb. 3. 4 — Motivblatt VIII. IX, Fig. 1. 3. 7. 13. 18. 22. 23.
Moderne orientalische Teppiche 65 ff.
Moghan Teppiche 140 — Abb. 79.
Montagnard-Teppiche 111. 132 — Abb. 74—76 — Farb. Tafel VI.
Mosul Teppiche 132. 151 u. ff. 195 — Abb. 74. 90 — Farb. Tafel VI. XIII.
Motive f. Teppich-Zeichnungen:
für altpersische Teppiche s. Motivblatt X—XII (s. a. Motive f. persische Teppiche).
für anatolisch-türkische Teppiche s. Motivblatt I
für kaukasische Teppiche s. Motivblatt II—VI.
für persische Teppiche s. Motivblatt VII (s. a. Motive für altpersische Teppiche).
für türkisch-anatolische Teppiche s. Motivblatt I.
für zentralasiatische Teppiche s. Motivblatt VIII—IX.
Mudjur-Gebet-Teppiche 114 — Abb. 57.
Muschkabad-Teppiche 174. 186 — Abb. 117 — Farb. Taf. XI.

Nabel, Hermann, Berlin, 48 u. ff. — Abb. 29.
Naphtalin als Teppichschutzmittel 100.
Nigde-Gebet-Teppiche 113 — Abb. 55.
Nomaden-Teppiche (besonders als solche bezeichnet) 46. 78 u. ff. 85. 87. 95. 99 — Motivblatt VII, 19.

Orendi, Julius, Wien XI. XII — Abb. 1. 14.
Orientalische Teppiche auf Gemälden 10. 14 u. ff. 60 u. Titelbild — auf persischen Miniaturmalereien 29 — Abb. 17. 18.
Ostturkestanische Teppiche 67. 111. 207 — Abb. 65.

Palmette s. Kranzpalmette.
Palmwipfel als Teppichmotiv 89. 173 — Motivblatt XI.
Panther als Teppichmotiv 29. — Abb. 16 — Motivblatt X.
Pergamo Gebetteppich 125 — Abb. 67.
Pergamo-Teppiche 50. 111. 125. 127 — Abb. 29. 67. 69.
Perser als Teppichmotive 29.
Perser-Teppiche s. unter Persische Teppiche.
Persische Teppiche, Alte 36. 38. 55 — Abb. 22—26. 34 — Farbige Tafel I.
Persische Teppiche, Alte. Nachahmungen 46. 54 — Abb. 27. 28.
Persische Teppiche, Moderne 67 u. ff. 86. 95. 98. 138. 154 u. ff. 171 u. ff. 179 u. ff. 225 — Abb. 77—105. 109—133. 152 — Motivblätter VII. X bis XII — Farb. Taf. VII—XI. XIII. XVI.
Persiche Teppiche, Motive für, s. Motivblatt VII. X—XII.
Pflanzenrankenornamente als Teppichmotive 33.
Phönix als Teppichmotiv 10 — Motivblatt X.
Polenteppiche 36.
Preise moderner Teppiche 95 u. ff.

Qualitätsverschlechterung der Teppiche durch europäische Beeinflussung d. Erzeugung 82 u. ff.

Rauten-Medaillon mit Volutenkelchen als Teppichmotiv s. Motivblatt XI.
Reinigen d. Teppiche 99 u. ff.
Rhombus als Teppichmotiv 44 — Abb. 26.

Sachsen, König von, Altpersischer Knüpfteppich a. seinem Besitz Abb. 23.
Safran als Färbmittel für Teppiche 80.
Samarkand 67.
Samarkand-Gebetteppiche 206 u. ff.
Samarkand-Teppiche 111. 206. 225. — Abb. 65. 152. — Farb. Tafel XVI.
Saph-Teppiche 125 — Abb. 65.
Sarre, Prof. Dr., Kunsthistoriker etc. 16. 64.
Saruk-Teppiche 174. 186 — Abb. 118.
Schafseide als Teppichmaterial 175.
Schafwolle als Teppichmaterial 77. 112. 137. 174. 175. 177. 205.
Schah-Alebas-Teppiche 191 u. ff. — Farb. Tafel XII.
Schalmuster als Teppichmotive 89. 90 — Motivblatt XI.
Schiras-Teppiche 98. 176, 180 u. ff. 186 u. ff. 203 u. ff. — Abb. 109—112. 119. 120. 131 bis 133.
Schirwahan s. unter Schirwan.
Schirwan-Teppiche 67. 72. 137 u. ff. 159 u. ff. — Abb. 77 bis 89. 101—103 — Farb. Tafel VII. VIII. IX.
Schulz, Dr. Walter, Berlin 29 — Abb. 17. 18.
Schuscha-Teppiche 137.
Schußfäden 72.
Schwamm als Teppichmotiv 33. 36. 89 — Abb. 20. 21 — Motivblatt XII.
Seidenteppiche 24 u. ff. — Abb. 14.
Senneknüpfung 76 — Abb. 44.
Senneteppiche 46. 86 — Abb. 48 — Motivblatt III, 8 — Farb. Tafel I.

Senné-Teppiche 174 u. ff. 195 — Abb. 121—125.
Serabend-Teppiche 173. 186 u. ff. — Abb. 119. 120.
Siebenbürger Teppiche 60 — Abb. 39. 40.
Silé-Teppiche 137. 168 — Abb. 106.
Simakoff, russischer Reisender, 90.
Sinneh-Teppiche s. unter Senné.
Skorpione als Teppichmotive 90 — Motivblatt IX.
Smyrna-Teppiche, Alte, 51.55.
Smyrna-Teppiche, Moderne, 67. 68. 95. 97. 102 u. ff. — Abb. 49—54.
Steinböcke als Teppichmotive 29 — Motivblatt X.
Sultan-Teppiche 66. 114. 126 — Abb. 56. 57. 58. 68.
Sumak-Teppiche 2. 72. 83. 92. 136. 167 — Abb. 105.

Täbris-Teppiche 67. 95. 172 u. ff. 182 u. ff. 197 u. ff. — Abb. 114. 128—130.
Talisch-Teppiche 138 u. ff. — Abb. 77. 78. 79 — Farb. Taf. VII. VIII.
Taranteln als Teppichmotive 90 — Motivblatt IX.
Tausendfüßler als Teppichmotive 90 — Motivblatt IX.
Teheran-Teppiche 173.
Teke-Turkmenen-Teppiche 204 u. ff. 216 u. ff. 221 u. ff. — Abb. 140. 141—143 — Farb. Tafel XIV.
Teppiche als Tischdecken 171 — Abb. 107. 108.
—, Alte, 1 u. ff.
—, Antike, 1 u. ff.
— auf Gemälden 13 — Abb. 6. 7. 8 u. Titelbild.
— auf Miniaturen 29 — Abb. 17. 18.
Teppiche, Behandlung der, 99.
—, Exotische, 66.
—, Färbung der, 79 u. ff.
—, Feinde der, 100.
—, Format der, 78 u. ff. — Abb. 46.
— der Gegenwart 65 u. ff.
—, Geknüpfte, 3.
—, Gewirkte, 2 (s. auch Kilims).
—, Handel, 67 u. ff.
—, Industrie, 2 u. ff.
—, Knüpfen, 73 u. ff. — Abb. 42.
—, Material, 77 u. ff.
—, Moderne, 65 u. ff.
—, Motive, 11 — Abb. s. Motivblatt I—XII a. S. 227—238 (s. auch unter Motive).
—, Neue, 65 u. ff.
—, Preise der, 95 u. ff.
—, Reinigen der, 99 u. ff.
—, Zeichnung, 83 u. ff.
Thiem, Sammlung A, San Remo 44.
Tier-Teppiche 11. 29 — Abb. 4. 16 — Motivblatt X.
Tiflis 67.
Tischdecken 171 — Abb. 107. 108.
Trell, Dr., 207.
Tschi als Teppichmotive 33. 36. 39. 44. 89 — Abb. 20. 21. 24. 27 — Motivblatt XII (s. auch unter Wolkenband).
Tschintamani als Teppichmotive s. Motivblatt XII.
Türkisch-anatolische Teppiche 69. 102 u. ff. — Abb. 55—76 — Motivblatt I.
Türkisch-anatolische Teppiche, Motive für, s. Motivblatt I.
Turkmenische Teppiche, Alte, 10. 11. 16 — Abb. 7.
Turkmenische Teppiche, Moderne, 67. 85. 90. 98. 204 u. ff. 208. 209 u. ff. 216 u. ff. — Abb. 134. 137—140 —

Motivblatt IX, 3 u. 6 — Farb. Tafel XIV.
Turko-kaukasische Teppiche 17 — Abb. 8.
Tuzla-Gebet-Teppiche 114 — Abb. 56.
Uralaltaische Motive 46.
Ursprungsland, Gruppierung d. Teppiche nach dem U., 101 u. ff.
Uschak-Teppiche, Alte, 54 u. ff. — Abb. 32 u. Titelbild.
Uschak-Teppiche, Moderne, 103 u. ff. — Abb. 49.

Vasenteppiche 24 — Abb. 13.
Veilchen als Teppichmotive 90.
Verné-Teppiche 137 u. ff. 171 — Abb. 107. 108.
Vögel als Teppichmotive 29 — Abb. 16 — Motivblatt X.
Volutenkelch als Teppichmotiv s. Motivblatt XI.

Wappentiere der chinesischen Ming-Dynastie 10.
Waschen der Teppiche 99 u. ff.
Webart 72 u. ff.
Weberei, Primitivste, 72.
Webstühle 73. 75. 81.
Webtechnik 72.
Wellenranke als Teppichmotiv s. Motivblatt XI.
Wien, Österreichisches Museum für Kunst u. Industrie 24. 71 — Abb. 13.
Winterteppich Chosröes I. 4. Nachahmung s. Abb. 1.
Wirkerei, Sogenannte, 72.
Wolkenband als Teppichmotiv 33. 36. 42. 44 u. ff. 54. 89 — Abb. 25. 26 — Motivblatt II, 2. XII.
Wolkengebilde als Teppichmotive s. Motivblatt XII.
Wollenteppiche 9. 14. 15. 98 — Abb. 3. 6. 7. 25.

Yakschibeydir-Gebet-Teppiche 125 — Abb. 67.
Yaprak-Teppiche 104 — Abb. 50.
Yastik-Teppiche 209.
Yomud-Teppiche 205. 209 u. ff. — Abb. 137—139.
Yoraghan-Teppiche 173. 186. — Abb. 115.
Yürük-Teppiche 111. 132 — Abb. 74—76 — Farb. Tafel VI.

Zeichnung der Teppichmuster 83 u. ff.
Zentralasiatische Teppiche 69. 204 u. ff. — Abb. 134—152 — Motivblatt VIII u. IX — Farb. Tafel XVI.
Zentralasiatische Teppiche, Motive für, s. Motivblatt VIII bis IX.
Zeugbaum 75.
Ziegenhaare als Teppichmaterial 77. 112. 176.
Zypresse als Teppichmotiv s. Motivblatt XII.

Printed in Germany
by Amazon Distribution
GmbH, Leipzig

31657671R00167